Elogios para

Cuando la crianza no es perfecta

Jim Daly ha hecho una tarea maravillosa recordarle a los padres que la perfección no solo es algo inalcanzable, sino que también es algo dañino en la travesía de la crianza de hijos. Hay una buena razón por la cual la gracia de Dios está disponible en abundancia: todos la necesitamos. ¡El perfeccionismo es un suicidio lento!

DR. KEVIN LEMAN, autor *best seller* del *New York Times* de *Tenga un nuevo hijo para el viernes*

Hacía falta un libro como este. Hoy en día, la mayoría de las mamás y los papás se sienten culpables porque no son perfectos. Este libro muestra la crianza de los hijos tal como es: imperfecta. Resalta la belleza de la imperfección y libera a los padres para que puedan enfocarse en las verdades y realidades tangibles de la crianza de los hijos. Todo padre debería leer este libro. Mi amigo Jim Daly ha dado en el clavo con este tema; pero no solo eso, yo lo he visto po................................propios hijos.

..........................., terapeuta licenciado en
..........................utor y director ejecutivo
.............de The Fatherhood Commission

En su rol como presidente de Focus on the Family, Jim Daly vive y respira lo que es la crianza de los hijos, y entiende bien los desafíos con los que los padres se enfrentan hoy en día. El libro que ha escrito Jim: *Cuando la crianza no es perfecta* va a hacer que todos los padres, sin importar en qué etapa de la vida se encuentren, digan: ¡chócala!, porque todos saben que es verdad: una crianza de hijos perfecta es simplemente imposible.

BRAD LOMENICK, expresidente de Catalyst y
autor de *H3 Leadership* y *El líder catalizador*

Como padre, sé que es fácil sentirse solo en sus preocupaciones, sus defectos y fracasos, y dar por hecho que los demás tienen todo bajo control. En este libro, Jim Daly les da una inyección de gracia a todos los padres que andan estresados, y nos recuerda que el *caos* es algo perfectamente normal y aun hermoso ante los ojos de Dios. *Cuando la crianza no es perfecta* es un libro que las familias por doquier deberían leer.

REV. SAMUEL RODRÍGUEZ, presidente de la Conferencia
Nacional de Liderazgo Cristiano Hispano (NHCLC)

CUANDO LA CRIANZA NO ES PERFECTA

Otras obras de Jim Daly

El mejor consejo que he recibido para el matrimonio

El mejor consejo que he recibido para criar hijos

En busca de mi hogar: un sendero imperfecto hacia la fe y la familia

JIM DALY

PRESIDENTE Y CEO DE FOCUS ON THE FAMILY

CON PAUL ASAY

CUANDO
LA CRIANZA
NO ES
PERFECTA

La misión de Editorial Vida es ser la compañía líder en satisfacer las necesidades de las personas con recursos cuyo contenido glorifique al Señor Jesucristo y promueva principios bíblicos.

CUANDO LA CRIANZA NO ES PERFECTA
Edición en español publicada por
Editorial Vida – 2018
Nashville, Tennessee

© **2018 Editorial Vida**
Este título también está disponible en formato electrónico.

Originally published in the U.S.A. under the title:
When Parenting Isn´t Perfect
Copyright © 2017 por James Daly
Published by permission of Zondervan, Grand Rapids, Michigan 49530.
All rights reserved.
Further reproduction or distribution is prohibited.

Editora en Jefe: *Graciela Lelli*
Traducción: *Emma Bredeman*
Adaptación del diseño al español: *Grupo Nivel Uno Inc.*

ISBN: 978-0-8297-5869-6

CATEGORÍA: Religión / Vida Cristiana / Familia

IMPRESO EN ESTADOS UNIDOS DE AMÉRICA
PRINTED IN THE UNITED STATES OF AMERICA

18 19 20 21 22 LSC 9 8 7 6 5 4 3 2 1

A los padres de todo el mundo
que aman a sus hijos
y quieren que sus corazones estén enraizados en Cristo.

CONTENIDO

PRÓLOGO

Conocí a Jim Daly justo después de que él había sido nombrado presidente de Focus on the Family. Yo había llegado para hacer una serie de programas de radio en la oficina central del ministerio, y Jim quería conocerme antes de comenzar las grabaciones. Por mi parte, como no sabía mucho de él, sentía curiosidad; sabía que estaba bajo mucha presión para realizar con éxito sus nuevas responsabilidades.

Recuerdo que pensé, tan solo después de haber pasado unos minutos juntos: *Yo podría llevarme bien con este tipo.* Era una persona auténtica y vulnerable, real; no se veía en él ni una pizca de mala disposición, es más, me contó historias de sí mismo en las que él se veía como un tonto, y se reía a mandíbula batiente. Su «autenticidad» era muy atrayente.

Ese encuentro dio lugar a una amistad que ha durado por muchos años y muchos programas radiales, es más, ahora Jim es un popular miembro del Townsend Institute.

Además de su amistad, también tengo mucho respeto por las opiniones, los libros y las charlas de Jim. He tenido la oportunidad de dar conferencias con él en la categoría de conferencistas principales. Sus libros me han beneficiado grandemente. Jim investiga sus temas profunda y bíblicamente, y escribe basándose en sus experiencias personales; lo que escribe es tal como él: real. Uno puede confiar en lo que escribe porque a él no le incomoda mostrarle al lector cómo ha cambiado y crecido. A la mayoría de nosotros nos cuesta leer obras de autores que dan la impresión de que ellos no tienen falla alguna.

Como Jim es así, creo que no hay nadie más apto para escribir un libro sobre la crianza de los hijos, que trate con nuestras imperfecciones en ese rol. Su autenticidad y vulnerabilidad salen a la luz a medida que describe lo que ha aprendido de sus propios errores como padre. Al leer el libro, somos liberados inmediatamente del «ataque de la vergüenza» que todos nosotros sentimos como padres, en las áreas en las que hemos cometido tantos errores con nuestros hijos. Jim convierte la imperfección en algo normal, nos muestra cómo tratar con ella, y de ahí pasa a ofrecer soluciones para los problemas de la crianza de los hijos. El capítulo titulado «Insuficiente», por sí solo, vale el precio de este libro.

¡Todo padre debería leer este libro tan importante hoy en día! Siempre nos estamos evaluando para ver si estamos criando bien a nuestros hijos:

- ¿Estoy pasando suficiente tiempo con mis hijos?
- ¿Les estoy prestando atención y animando bien?
- ¿No soy tan estricto como debería, o soy demasiado estricto?
- ¿Hay alguna garantía de que no voy a dañar profundamente a mis hijos?

Nuestra cultura y los medios de comunicación no nos dan muchas respuestas, pero Jim nos ofrece muchas maneras saludables con las cuales podemos apoyar el crecimiento de nuestros hijos «en disciplina y amonestación del Señor» (Efesios 6.4, RVR1960), y desde una posición de *gracia y aceptación* para los padres.

Qué alivio poder leer un libro equilibrado con ideas valiosas que ayudan al lector a ser el padre lleno de gracia del cual escribe Jim.

JOHN TOWNSEND,
autor de *Límites*, un libro best seller del *New York Times*.
Fundador del Townsend Institute for
Leadership and Counseling.

PREFACIO

Aprendí acerca de la familia entre anuncios de televisión.

Mi mamá casi nunca estaba en casa cuando yo llegaba del colegio; trabajaba mucho, ya que era una madre soltera que tenía que alimentar y vestir a cinco muchachos, por lo general, desde las diez de la mañana hasta las once de la noche. Mi padre nunca estaba, y mis hermanos y hermanas, todos mayores que yo, estaban haciendo otras cosas; yo era un chico que andaba solo en su casa, mucho antes de que esta fuese una condición a la cual le pusiesen un nombre.

En ese entonces, casi todos los días yo llegaba a una casa vacía, tan solo el televisor y yo.

Así que la televisión se convirtió en el compañero de mi niñez. Al llegar a casa después de la escuela, cerraba la puerta, sacaba un jugo de la nevera, prendía el televisor, y me tiraba al piso, con la barriga en la alfombra, los pies contra el sofá, y mi mano muy cerca del dial. Y por espacio de una o dos horas, me unía a otra familia, una mejor, una familia en la cual los padres daban abrazos y consejos, y regañaban a sus hijos cuidadosamente, una familia en la cual los problemas más grandes se resolvían antes de la hora de acostarse.

La pantalla estaba llena de familias buenas y amorosas en los tiempos en que yo crecía, en las décadas de los sesenta y setenta. En el programa de CBS, *Mis adorables sobrinos*, Bill Davis, y su mayordomo, Giles French, criaba a sus sobrinas y sobrino que habían quedado huérfanos. El viudo Steven Douglas, en el programa *Mis tres hijos*, educaba a su trío de varones con cuidado. En *La Tribu Brady* (una creación innovadora ya que representaba a una familia mezclada), el arquitecto viudo Mike Brady, se casa con la viuda Carol Ann Martin, y combinan su prole de tres hijas y tres hijos, creando así una de las familias más queridas de la televisión.

Estas eran las tres familias más «normales» que yo conocía, durante la mayor parte de mi niñez eran lo más constante que tenía. (Sí, me hice miembro del club de aficionados de Marcia Brady). Estos programas me dieron una perspectiva más saludable de lo que debería ser una familia. Encontré en ellos algunos elementos con los que me podía relacionar y sentir cómodo. Nuestra familia llegó a ser una familia mezclada por un tiempo, tal como *La Tribu Brady*; luego cuando perdí a mi mamá, me consolé con el hecho de que los chicos en *Mis tres hijos* tampoco tenían mamá.

Estas familias eran similares a la mía, pero parecían mejor que la mía; más reconfortantes. Mike y Carol Brady siempre tenían la respuesta correcta; Steven Douglas nunca se embriagaba; Bill Davis cuidaba de sus sobrinas y sobrino como si fuesen sus propios hijos. ¡Sorprendente! En la televisión parecía que las familias de la pantalla pequeña siempre hacían las cosas bien; hacían las cosas de la manera *correcta*.

Y a veces me preguntaba por qué mi familia no.

Hoy, me pregunto cuántas otras familias en esos tiempos habrían mirado a esos papás y mamás perfectos de la TV y se habrían hecho la misma pregunta; cuántas mamás habrán escuchado los gritos de sus hijos y se habrán preguntado: «¿Qué hice mal?». ¿Cuántos padres se habrán ido al trabajo con un sentimiento de culpa y alivio a la vez? ¿Cuántos hijos hubiesen deseado que sus padres resolviesen los problemas familiares con una sonrisa llena de confianza y una risa (aunque sea grabada), en lugar de gritos y palizas, y quizás cosas peores?

Por supuesto que el clan de los Brady desapareció de la televisión hace mucho tiempo, y no hay ningún papá que lo sepa todo en la TV, pero aún vamos tras ese ideal telegénico; sabemos cómo es una familia perfecta, sabemos cómo es nuestra familia, y nos preguntamos por qué hay tal diferencia entre ambas.

¿Sabe cuál es la respuesta a la pregunta *por qué*? Es *porque* somos diferentes, tenemos defectos, somos humanos. Nadie redacta nuestra vida familiar, nadie nos dice «¡Corte!» si decimos algo incorrecto. Quizás estamos haciéndonos la pregunta incorrecta cuando nos preguntamos por qué mi familia no es mejor, o por qué su familia no es mejor de lo que es actualmente.

Así que, en lugar de preguntar por qué, que tal si preguntamos ¿cómo? ¿Cómo pueden llegar nuestras familias a ser mejor? ¿Cómo podemos arreglar nuestras relaciones rotas y hacer que vuelvan a ser sanas? ¿Cómo podemos superar nuestros errores inevitables y crear ambientes saludables y seguros para nuestros hijos, y para nosotros los padres también?

No he escrito un libro para hallar la perfección, he escrito uno acerca de cómo hallar la belleza en medio de la imperfección, y cómo esa belleza refleja la relación de Dios con nosotros. He escrito acerca de cómo evitar la disfunción mientras que aceptamos el caos familiar de vez en cuando.

¡Este libro no va a convertir a su familia en La Tribu Brady! Pero le ayudará a tratar con la verdad y la realidad. Si usted ya tiene una buena familia, este libro le ayudará a abrazar sus bendiciones y a adquirir empatía por aquellas familias que tienen problemas con el amor, la gracia y la verdad.

✦

PRIMERA PARTE

¿Qué tan bueno es así nomás?

Capítulo Uno

INSUFICIENTE

✦

Con cuanta facilidad caemos en la trampa de pensar que estamos trabajando camino a la perfección; ponemos tanta presión sobre nosotros y nuestras familias, a pesar de que esa presión va en contra de lo que Jesús dijo mientras estaba aquí en la tierra. Nos esforzamos tanto por ser justos por nuestros propios medios, aun cuando Jesús ya nos ha dicho: *no lo van a lograr, esa es la razón por la cual yo morí por ustedes.*

Sí, Jesús murió por nosotros, pero nosotros aún llevamos la cuenta, vivimos como buenos fariseos; es como si nos hubiésemos olvidado de leer nuestras Biblias, y si la estamos leyendo, no estamos prestando atención como debiésemos para aplicar las enseñanzas a nuestras vidas. ¿Cuántos versículos hablan de nuestras debilidades y el poder de Dios? ¿Cuántos refuerzan el hecho de que no podemos ser perfectos en esta vida? ¿Cuántos hablan de cómo la gracia de Dios es nuestra única esperanza?

Somos débiles, tenemos familias imperfectas, y sí, ante nuestros estándares farisaicos, no somos lo suficientemente buenos.

Y tenemos razón, *no* somos lo suficientemente buenos si nos medimos con la regla santa de Dios. Él nos pintó a su imagen, somos la Mona Lisa de su creación, la obra maestra del universo; pero no contentos con eso, tomamos la decisión de «mejorar» el producto con pintura de dedos. No llegamos a la grandeza de su hermoso diseño, y estamos conscientes de eso, ahí se originan muchas de nuestras tendencias farisaicas. Dios nos pide que volvamos a nuestro diseño original, él nos pide que nos esforcemos por alcanzar la perfección, así que lo intentamos, ¡sí que lo intentamos!

Pero en lugar de tratar de ser perfectos ante sus ojos, tratamos de ser perfectos ante los nuestros; nos concentramos en nuestro comportamiento: sacamos A, ganamos estrellitas doradas, decimos lo correcto ante la gente para que todo el mundo alrededor nuestro diga ¡oh! y ¡ah! ante lo buenos que somos. Nos olvidamos de que Dios pesa la perfección en una balanza diferente; pensamos que la perfección radica en lo que *hacemos*, nos olvidamos que se trata de quienes *somos*.

Cuando vamos tras esta meta solemne e intimidante, nos olvidamos que la gracia va mano a mano de ella. En una fe llena de paradojas, esta puede ser una de las más grandes: Dios nos pide que busquemos la perfección, aunque él sabe que nunca la vamos a hallar; nos ama a pesar de que hemos malogrado su obra maestra. A veces pienso que sentimos más de su amor en medio de ese caos porque esos son los momentos en los que más lo necesitamos.

En Mateo 5.48, Jesús nos dice: «Sed, pues, vosotros perfectos, como vuestro Padre que está en los cielos es perfecto» (RVR1960). Esto es muy abrumador; nos sacamos úlceras tratando de ser esa imagen de perfección, y demandamos la misma perfección de las personas que están más cerca de nosotros.

Pero, ¿por qué mientras luchamos por alcanzar esa perfección, rara vez pensamos en demostrar la perfecta gracia de Dios? ¿Su perfecto perdón? ¿Su paciente y perfecto amor?

Porque es mucho más difícil; podemos fingir una «A» en comportamiento, pero no podemos fingir el carácter, tenemos que ganarlo, tenemos que aprenderlo, y a veces solo se logra por medio del sufrimiento.

Nos encontramos cara a cara con una paradoja: mientras que medimos nuestra propia imperfección por medio del éxito, desarrollamos la perfección de Dios por medio de nuestras fallas, errores, y aun nuestros fracasos.

Y a veces se desarrolla cuando esos fracasos nos apartan de él.

Decepción y desastre

Casey tenía diecinueve años cuando quedó embarazada.

Ella había sido criada en un hogar cristiano; la biblioteca de sus padres estaba llena de libros de los mejores expertos en crianza de hijos, su papá y mamá monitoreaban la música que escuchaba, las películas que miraba y los libros que leía. La familia entera cenaba junta todas las noches, y ella y su mamá leían la Biblia todas las mañanas.

Se fue a una universidad, una universidad cristiana, con un promedio de notas de estudio altísimo. Cuando sus padres la dejaron en la universidad lloraron un poco. «Cariño, vas a lograr grandes cosas aquí», le dijo su papá. «Grandes cosas». Y Casey deseaba que lo que él le decía se hiciese realidad, se iba a esforzar por hacer que su papá estuviese orgulloso de ella.

Después de poco tiempo, se enamoró de Doug, un estudiante de inglés, un muchacho que tenía el mismo trasfondo que ella: buena familia, aspiraciones altas, una fe sólida.

A pesar de ello tuvieron relaciones sexuales, y todas las lecciones que había aprendido, toda la culpa y vergüenza que sentía después de cada encuentro amoroso no la convencían para que dejase de hacerlo.

No le vino su período menstrual durante la primavera de su segundo año de estudios universitarios; después de dos semanas, ella y Doug fueron a un centro para embarazos cercano, sin decirle a nadie; la prueba salió positiva.

En ese momento a Casey le parecía que el aire se helaba; podía sentir la mano de Doug, resbaladiza del sudor frío.

«¿Está segura?», preguntó Doug; con una sonrisa amable, la doctora les entregó unos panfletos. «Opciones», les dijo.

Caminaron de regreso al departamento de Doug en silencio, en cuanto entraron, Casey comenzó a llorar, y Doug también; esto no estaba en sus planes, Casey aún estaba sacando sobresalientes, y Doug tenía la esperanza de poder viajar después de graduarse de sus estudios, caminar por Europa con un par de amigos quizás, o escribir su primer libro. Pero ahora parecía que el futuro de ambos se había destruido sin siquiera haber comenzado. Tuvieron temor, temor por ellos, temor de lo que significaba un bebé en sus vidas, temor de pensar en qué clase de padres serían.

Sobre todo, tenían temor de lo que dirían sus padres.

Comenzaron a conversar en medio de las lágrimas, para ninguno de los dos el aborto era una opción, no podían desaparecer el problema así de fácil, y Casey no podía imaginarse poner a su bebé en adopción, ella quería tenerlo, aunque eso significase que tenía que hablar con su papá y su mamá, los padres a quienes ella amaba más que a nadie en este mundo, los padres que hasta ese momento creían que ella no podía hacer nada malo.

Doug sonrió, se fue a su cocinita pequeña, Casey oyó cuando él abrió un cajón; cuando regresó tenía un alambrito, que había convertido en un anillo, dobló una rodilla y tomó su mano, le preguntó: «¿Te quieres casar conmigo?». Casey asintió con la cabeza frenéticamente, sonriendo y llorando un poco más.

Con esa decisión tomada, no podían posponer la parte más difícil de este día inmensamente duro.

Casey sacó su teléfono y llamó a su casa.

«¿Aló?», contestó su mamá.

«¿Mamá?».

«¡Casey!», respondió su mamá, «espera, voy a llamar a tu papá».

Casey se podía imaginar a su mamá con el auricular en su pecho, cerca de su corazón; oyó una llamada amortiguada, y en unos momentos oyó que se levantaba el otro teléfono, y luego la voz de su papá.

«¡Hola!», dijo él, «¿qué novedades, cariño?».

Casey cerró sus ojos y dijo una pequeña oración en silencio, tragó saliva, y comenzó: «Tengo algo que decirles, algo difícil»; casi podía oír cuando la respiración de sus padres se detuvo en una pausa fugaz.

«Cariño», dijo su mamá, «¿qué pasa?».

«Mamá», dijo Casey, el tono de su voz se agudizaba mientras que comenzaba a llorar nuevamente, «voy a tener un bebé».

Silencio.

«Ay, Dios», dijo su mamá, Casey la oyó llorar suavemente en el teléfono, el mismo llanto que ella había oído una vez cuando murió su abuelo; en el otro teléfono podía oír la respiración de su papá que iba alterándose cada vez más.

Finalmente él dijo algo.

«Nos has decepcionado Casey, nos has decepcionado muchísimo», le dijo.

Luego colgó el teléfono.

Los riesgos de una crianza de hijos perfecta

En Juan 16.33, Jesús nos dijo: «En el mundo tendréis aflicción» (RVR1960); lo curioso es que *en realidad* no creemos que la aflicción verdaderamente puede llegar a nuestros hogares, a nuestras familias. Casey podría ser su hija, Doug podría ser su hijo, más aun pudiesen ser usted o pudiesen ser yo.

Focus on the Family, la organización a la cual yo sirvo, se dedica a prevenir que días como estos sucedan. En el programa cotidiano de Focus tengo la oportunidad de conversar con las mentes más brillantes en lo que respecta a la crianza de nuestros hijos; a propósito, nuestro personal está lleno de pastores, consejeros y expertos en este tema. El fundamento de nuestro ministerio es poder dar a los padres consejo práctico, que honra a Dios, en cuanto a cómo cultivar familias fuertes y amorosas, y Dios mediante, esperamos que estos consejos *funcionen* la mayoría del tiempo. Todos creemos en Proverbios 22.6 (RVR1960): «Instruye al niño en su camino, y aun cuando fuere viejo no se apartará de él».

Pero hay mucha ambigüedad en ese proverbio, ¿no? El entrenamiento no siempre es sin problemas; los chicos pueden ser frustrantemente resistentes a las lecciones de los padres, y nosotros no siempre somos los mejores maestros. Y aun cuando pareciera que todo está marchando bien, cuando mandamos a nuestros hijos al mundo solos, confiados de que los hemos entrenado en el camino que deben seguir, algo... pasa, cosas inesperadas, situaciones aplastantes. Ninguno de nosotros es perfecto.

El concepto de perfección en sí puede ser el obstáculo más grande de todos, y pensar que es en este obstáculo con el que las buenas familias cristianas suelen tropezarse; nuestro deseo de ser perfectos y honrar a Dios por medio de esa perfección es lo que en realidad nos está destruyendo.

No me malinterprete, no está mal tratar de hacer lo mejor que podamos, no está mal animar a nuestros hijos a que hagan lo mismo, queremos que les vaya bien, y cuando les va bien debemos celebrar sus éxitos, ya sea que nadaron por primera vez todo el largo de la piscina, metieron el gol ganador, o sacaron una B bien ganada en algebra.

Pero, por lo general, y sin darnos cuenta, cruzamos esa línea invisible entre celebrar las victorias de nuestros hijos y no aceptar nada menor de ello.

«¿Una "B"? Será mejor que sea una A la próxima vez que revise».

«Sí, seguro que metiste el gol ganador la semana pasada, pero esta noche fallaste con ese pase».

«No me digas que le tienes miedo al agua, ¡deja de llorar y méte-te ahí!».

¿Y si nuestros hijos fracasaran *de verdad*? ¿Si *en realidad* cometiesen un error? Dios los ayude; y ¿si *usted* les fallara a sus hijos de alguna manera? Que Dios le ayude también, no se lo perdonaría nunca.

¿Y qué sucede si tienen éxito? ¿Qué sucede si es que logran las altas expectativas que tenemos para ellos? Bueno, eso abre otra lista larga de problemas.

En su libro, *The Road to Character* (*El camino del carácter*), el autor David Brooks habla de cómo tenemos la tendencia de buscar dos clases de virtudes: virtudes de currículum vitae y lo que él llama virtudes de elegía, aquellas virtudes que la gente celebra cuando ya nos hemos muerto.[1] Y aunque conocemos el valor superior de esas virtudes de elegía, les enseñamos a nuestros hijos a enfocarse en las virtudes de currículum vitae; ponemos énfasis en los logros, no en el carácter.

En el año 2016 Brook me dijo: «Así que, le hemos dicho a toda una generación de chicos que son maravillosos, y nos han creído. Y piensan que tienen una pequeña estatua de oro dentro de ellos que los hace intrínsicamente maravillosos. Y cuando uno cree eso, entonces uno no comprende su propia pecaminosidad, su naturaleza quebrada e imperfecta, y no puede desarrollar carácter, porque uno piensa que es simplemente maravilloso».

Y a pesar de toda esa confianza, estos chicos son tremendamente vulnerables, especialmente ante las flechas que les lanzan sus propios padres.

«Veo una epidemia de amor condicional en nuestra cultura», dice Brooks; «los padres aman a sus hijos, pero también quieren que tengan éxito, y si los chicos hacen algo que los padres piensan que los va a llevar al éxito, el rayo de amor brilla con fuerza; y si hacen algo que los padres piensan que no los va a llevar al éxito, el rayo de amor es retirado.

»Se dan cuenta, la relación más importante en la vida de esos chicos es frágil», añade; «ellos sienten que tienen que ganárselo, y eso destruye su autoestima, y los aterra».

Cuando nuestros hijos sienten que nuestro amor es condicional, y especialmente cuando sienten que no pueden cumplir con esas condiciones, ese sentir los empuja a ir en una dirección: lejos.

Todos hemos escuchado el cliché de: «la hija del pastor», el estereotipo del «hijo del pastor». ¿Por qué siempre asumimos que la hija del pastor va a ser alocada, o que el hijo del predicador va a ser el chico más frustrante en la escuela dominical? ¿Por qué parece que fuese algo tan predecible? Creo que es a causa de la presión del perfeccionismo y esas expectativas inalcanzables. Los pastores pueden tener una presión increíble por ser un buen ejemplo para sus congregaciones, vivir la vida cristiana y no ser hipócritas. Esta presión gotea, o cae a borbotones sobre la esposa del pastor y sus hijos. Los miembros de la congregación piensan que debido al caminar cercano que el pastor tiene con Dios, él y su familia deberían estar en gran armonía con los deseos de Dios; en otras palabras, el pastor debería ser, bueno, casi perfecto. Aun si nadie en la congregación le ha pedido o espera que sea perfecto, el pastor mismo puede sentir esa presión.

Podríamos hablar acerca de expectativas saludables y moderadas hasta quedarnos sin aliento; la mayoría creemos que así *son* nuestras expectativas. Pero ¿cómo lidiamos con los fracasos, los nuestros o los de nuestros hijos? ¿Qué sucede cuando no logramos alcanzar nuestras metas sencillas? ¿Cuál es nuestra reacción en esos momentos?

Cuando se siente el fracaso

No hace mucho, un amigo mío, una persona involucrada en un ministerio cristiano prominente, regresó a la casa y encontró a su esposa parada en la entrada, sus ojos estaban hinchados por el llanto y sus mejillas llenas de lágrimas; él seguramente pensó que su suegra había fallecido.

Salió de su carro, abrazó a su esposa, y le preguntó: «¿qué pasó?».

«Nathan ha estado mirando pornografía», le respondió.

Mi amigo no dijo nada, pero por dentro la noticia lo dejó pasmado; primero llegó la negación, luego la ira y el dolor. Un nuevo entendimiento de nuestras imperfecciones. ¿Qué debo decir?, se preguntó, ¿Qué tengo que hacer? Todo cayó sobre él como una cascada en el espacio que toma dar un respiro, pero antes de que él pudiese decir algo, Kathy derramó su dolor e ira.

«Hemos sido terribles padres», dijo; «¿cómo hemos podido dejar que esto le pase a nuestro adolescente de catorce años», levantó la mirada, y le dijo: «¿Cómo has podido *tú* dejar que esto pase?».

Así es como puede ser el fracaso, parece que cuando alguien en la familia falla, todos han fallado, como si todos mereciesen ser castigados. Cuando sus hijos miran pornografía se siente como si una bomba hubiese estallado, ¡BUM!

Pero ¿sabe qué?, bombas como esa explotan en los hogares todos los días, quizás hasta cada *minuto*, y no importa si tenemos versículos bíblicos pegados en nuestras neveras.

Un estudio de la universidad de New Hampshire descubrió que sesenta y dos por ciento de chicas y un gigante noventa y tres por ciento de muchachos han sido expuestos a la pornografía antes de cumplir dieciocho años;[2] y hoy en día, la pornografía está al alcance de la mano con un solo clic. En mis años de crecimiento, los chicos quizás miraban a hurtadillas una revista de *Playboy* a la edad de trece años; ahora, gracias al internet, los chicos ven pornografía cada vez a edades más tempranas. Nuestros propios recursos en Focus on the Family dicen que la edad en que los chicos son expuestos por primera vez es ocho años; ¡ocho! Algunos chicos no saben cómo montar una bicicleta a esa edad todavía.

La familia de Nathan sabía de los peligros, así que no es como que ellos hubiesen dejado un marcador en esa página web para adultos para que Nathan la encontrase con facilidad; siguieron todos los pasos que deberían haber tomado: mantuvieron la computadora en un área pública y bien transitada de la casa, no en la habitación de Nathan; pusieron un software de rastreo para poder monitorear los hábitos de internet de sus hijos, y le habían hablado a Nathan acerca de los peligros de la pornografía.

Pero siempre hay accidentes; los padres pueden dormirse en sus laureles, y los chicos pueden ser muy solapados: si existe una forma de esquivar la regla por algún lugar, es muy probable que la encuentren.

En este caso, la compañía que había hecho el software de rastreo había caído en bancarrota, y el software ya no funcionaba, así que cuando Kathy instaló uno nuevo en la computadora familiar, este delató a Nathan; el mundo entero, bueno, al menos el mundo que era importante para él, podía ver cada página web inapropiada que él había visitado en los últimos seis meses.

No quiero minimizar este asunto, obviamente la pornografía es mala; ningún padre cristiano quiere que su hijo adolescente esté mirando fotografías obscenas; son denigrantes, explotadoras, y pueden distorsionar seriamente nuestro conocimiento del sexo y volverlo algo peligroso.

Entonces, ¿de quién fue la falla aquí, y cuál fue el nivel del fracaso?

Quizás tanto el padre como la madre pudiesen haber hecho algo más con su software de monitoreo, o pudiesen haber tenido más conversaciones francas con Nathan, pero no fueron ellos quienes hicieron las búsquedas inapropiadas por su hijo, ni fueron ellos quienes apretaron el botón, fue Nathan quien lo hizo, él hizo las búsquedas, él hizo lo que el noventa y tres por ciento de los chicos han hecho; él es el culpable; pero ¿eso lo hace un fracaso?

Cuando yo jugaba como mariscal de campo para la escuela secundaria de Yucca Valley en el sur de California, aprendí que el éxito es algo más que tirar los pases correctos; debía tener memoria de corto plazo para poder olvidar los malos pases que hacía. Uno aprende de sus errores, pero también hay que aprender a sacárnoslos de encima: tienes que seguir tirando los pases, no puedes tener miedo, no puedes andar cabizbajo de vergüenza, y no lo tienes que hacer si quieres ganar.

Creo que hay una lección aquí para las familias cristianas, aunque sea una lección difícil de aprender; cuando cometemos un error, debemos quitárnoslo de encima, debemos seguir tirando, quizás fallemos, pero eso no quiere decir que somos un fracaso.

Insuficiente

El despliegue de esa noche fue terrible en la casa de Nathan.

Kathy culpaba a su esposo, culpaba a Nathan, se culpaba a sí misma, parecía como si las paredes de su mundo hubiesen colapsado.

Aunque ella estuviese sintiendo mucho dolor, Nathan tenía más dolor; él se castigó a sí mismo, más de lo que sus padres pudiesen haberle castigado.

Nathan pasó la mayor parte de la noche en la oscuridad de su cuarto, sintiéndose indignado y avergonzado, y esa noche les entregó una carta a sus padres.

«Yo perdí la confianza que ustedes me tenían», decía la carta. «Va a tomar mucho tiempo para poder volver a ganar su confianza».

Se disculpó por lo que había hecho, y dijo que iba a hacer todo lo que estuviera a su alcance para repararlo, aunque él sabía que iba a demorar mucho tiempo. Luego dijo: «He partido el corazón de Dios, le mentí».

Su impresionante carta era humilde, contrita y sumisa en una manera muy saludable. Nathan había cometido un error y trataba de enmendarlo de la mejor manera.

Firmó la carta: «Insuficiente».

Insuficiente.

¿No luchamos todos con eso en nuestras familias? Todos: madres y padres, padres e hijos, sentimos que no somos lo suficientemente buenos, y nuestro temor es que *nunca* seremos suficientemente buenos; nos tachamos con nuestros errores y siempre llevamos las cicatrices.

Tenemos altas expectativas para nuestros hijos, queremos que sobresalgan y tengan éxito, que sean las estrellas en la clase o en el campo deportivo o en la plataforma; queremos que sean respetuosos y amables, pero no pusilánimes; que sean honestos, pero sin exceso; que sean dulces, independientes y obedientes.

Yo he puesto este tipo de presión sobre mis propios hijos, y me he pillado a mí mismo cuando mis hijos Trent y Troy traen una nota más baja que su nivel de rendimiento.

Algunas veces les he dicho, y me da vergüenza haberlo dicho: «¿Ustedes quieren ser peones?».

En una oportunidad me salió el tiro por la culata, Trent me dijo: ¿Qué tiene de malo ser un peón si amo al Señor? Aún quiero que Trent se esfuerce y que haga lo mejor que puede en la escuela, pero me hizo pensar en algo. *Sí, soy un peón*, era lo que él me estaba tratando de decir; *amo a Dios papá, ¿no es eso algo bueno? ¿Eso no es suficiente para ti?*

A veces pienso que queremos que nuestros hijos sean mejores que nosotros, para poder enmendar nuestros errores, y cuando ellos no llegan a la medida que nosotros queremos y esperamos que sean, tanto los padres como los hijos sienten que son un fracaso.

Insuficientes.

Cuando nuestros hijos sufren, nosotros sentimos el dolor; cuando fallan sentimos que nosotros somos los culpables. *Si tan solo hubiésemos dicho lo correcto el lunes, si tan solo no hubiésemos dicho lo que dijimos el martes; no deberíamos haber sido tan estrictos; no fuimos tan estrictos como deberíamos haber sido.*

Y si somos cristianos, podemos ser muy duros con nosotros mismos; queremos mostrarle al mundo que Jesús puede hacer que *todo* sea mejor. Sentimos la presión de ser mejores padres, nuestros hijos sienten la presión de ser mejores. ¡Qué nos ayude el cielo si nuestro hijo o hija dice algo incorrecto en la iglesia! Y parece que ninguna ayuda celestial sería suficiente si usted es el pastor.

Creo que, como padres cristianos, muchos de nosotros forzamos a nuestros hijos para que sean las estrellas; para que sea el doctor, el chico que saca las mejores notas, que logre todos estos atributos externos del éxito; lo triste es que cuando nosotros los cristianos sentimos tanta presión por ser la familia cristiana perfecta, a veces forzamos a que nuestros hijos corran en dirección opuesta.

Cuando muchos jóvenes cristianos dejan el hogar también dejan la religión. Según un estudio realizado por Pew Research, hay menos posibilidad de que los milenios, jóvenes adultos entre los dieciocho y treinta y cuatro años, estén afiliados a ninguna religión que sus padres o abuelos. Un total de 36 por ciento de milenios dicen que no están afiliados a ninguna religión.[3] Y no hay muestras de que esta tendencia disminuya: cuanto más joven eres, es mayor la posibilidad de que no creas en *nada*.

Pero no creo que los jóvenes adultos se están apartando de Dios, más bien se están apartando del control y autoritarismo de sus padres; están dejando de lado las expectativas sofocantes con las que sus padres los habían agobiado, y están corriendo lo más lejos posible en la dirección opuesta.

No hace mucho oí la historia de una señora que pensaba que ella había provisto el ambiente cristiano perfecto en el cual criar a su hija; se casó con un pastor y siguió todas las reglas, luego envió a su hija a la universidad y no la volvió a ver por un año.

Un día, mientras estaba en Facebook, esta señora se topó con la foto de una chica que le dio lástima; las hebras de su cabello caían sobre los ojos de esta chica, sus brazos y su pecho estaban cubiertos con tatuajes. La señora estaba segura de que esta chica tenía problemas serios, tenía un desorden alimenticio o era drogadicta; *pobre chica*, pensó.

Luego miró la foto un poquito más de cerca, y lentamente reconoció a su propia hija.

Mucha gente en la comunidad cristiana está tan preocupada con la apariencia, con la impresión que quieren dejar en el mundo exterior, que solo les importan las A y las B; no queremos que nadie piense que estamos luchando, no queremos que nadie piense que somos peones, y es así como descuidamos la condición de nuestros corazones. De alguna forma nos hemos convencido de que la manera en que nos vemos por fuera, qué tan cerca parece que estamos a la perfección, es más importante que lo que está pasando en realidad.

Eso es algo profundo cuando tomamos en cuenta que Jesús nos enseñó exactamente lo opuesto.

Hay esperanza en el dolor

¿Recuerda a Casey y Doug, la parejita que apareció al comienzo del capítulo? Permítame contarle algo acerca de ellos: les está yendo bien.

Ya tienen veinticinco años de casados, su bebé, aquella que cambió el rumbo de sus vidas dramáticamente, no hace mucho se graduó de la universidad. Los padres de Casey los apoyaron, les dieron todo el apoyo emocional que les pudiesen haber dado; aún viven en el mismo pueblo, y más o menos una vez por semana toda la familia se reúne para comer juntos alrededor de la mesa familiar.

En un inicio Casey pensó que su inesperado embarazo era el juicio de Dios, un castigo; «y quizás sí es», dice ella, «pero también fue una bendición, la bendición más grande que yo me hubiese podido imaginar».

No importa cuánto uno se esfuerce, nunca nos vamos a poder convertir en la mamá o el papá infalible; no vamos a encontrar en ningún lugar una lista infalible con las Diez Mejores ideas o consejos para crear la familia ideal, y sin duda no la va a encontrar aquí. Después de haber hablado con cientos de expertos en familia, después de haber liderado Focus on the Family por tantos años, y de ser padre también, sé que no existe tal cosa.

Lo que sí deseo hacer es guiarle hacia una dirección diferente, un camino lejos del perfeccionismo que se preocupa demasiado en sí mismo; un camino, que, espero, lo lleve a un lugar de tranquilidad y amor, y a un sentido de hogar; un lugar donde la leche se derrama en el piso, un lugar en el cual tanto los hijos como los padres cometen errores, pero en medio del caos y el desorden, hay amor, hay perdón, hay gracia.

Quizás usted no sea perfecto al llegar al final de ese libro, ¡yo sé que ya no estaré escribiéndolo! Pero quizás vamos a poder sacarnos de encima ese sentido de inferioridad que la mayoría de nosotros cargamos, la idea incapacitante de que no somos los suficientemente buenos; y cuando llegamos a ese punto, es cuando comienzan las grandes familias.

Capítulo Dos

LO QUE ES UNA FAMILIA

✦

Entonces, ¿qué es una buena familia?

Nosotros complicamos la pregunta más de lo que debemos; sabemos cómo es una buena familia, los chicos se sienten seguros, la comunicación es libre y fácil, siempre hay amor, aunque los chicos reciban castigo o los padres se peleen. Yo no crecí en una gran familia, pero sabía cómo era una buena familia.

Aprendí lo que era la paternidad por lo que a mí me faltaba de parte de mis papás; mi padre biológico ausente y mi padrastro, quien me abandonó después del funeral de mi mamá cuando tenía nueve años de edad. Aprendí lo que era la maternidad del cortísimo ejemplo que mi propia madre me dio. Sé lo que significa una buena familia para un niño por lo que hubiese significado para mí si hubiese tenido una. Y mi deseo de ver que otras familias no tengan una experiencia como la mía es lo que me llevó eventualmente a Focus on the Family, una organización que por casi cuarenta años les ha hablado a hombres y mujeres del diseño de Dios para las familias.

En el año 2014, tomamos gran parte de la sabiduría colectiva de nuestro ministerio, el conocimiento de un gran número de estudiosos y expertos, y la opinión de gente común y corriente, y lo condensamos en algo que llamamos «El Proyecto Familia». A través de las doce sesiones del recorrido del proyecto, escuchamos por qué las familias fuertes son primordiales, no solo para nuestros hijos, sino también para nuestra cultura. Este es un buen lugar para lanzarnos en serio a nuestra conversación.

«La familia es la fuerza que define a la sociedad», dice el rabino Shmuel Goldin en el Proyecto Familia. «La sociedad no debería moldear a la familia; la familia debería moldear a la sociedad».[1]

Por supuesto que existen aquellos que no están de acuerdo, ellos dirían que las familias, por lo menos las familias tradicionales, no son del todo importantes. «¿A quién le importa?», dicen; «todo el mundo sale de familias malas de todos modos». Algunos quizás utilizarían mi trasfondo como prueba: «Miren, Jim Daly no tuvo una gran familia, y él está bien, es una buena persona». Muchos dicen hoy en día que no existe tal cosa como la familia tradicional, que nuestros conceptos de lo que es una familia o lo que debería ser están totalmente obsoletos o quizás nunca existieron en ningún lugar, solo en nuestras mentes.

Hay algo de razón en ello; las familias son diferentes. Las familias amorosas no son totalmente tradicionales, y las familias tradicionales no son siempre amorosas. Yo vengo de una familia rota, llena de fallas, un desastre total; sin embargo, gracias a algunos elementos claves, en realidad mis hermanos, mis hermanas y yo hemos salido bien.

Creo que cuando una familia funciona bien, es el cimiento de nuestra cultura; y más importante aún, refleja el amor de Dios por nosotros.

Mi esposa, Jean, me ha ayudado a ver este reflejo en nuestro hogar; nosotros tenemos dos hijos, Trent y Troy, y como todos los hermanos en el mundo, se pueden molestar emocionalmente el uno al otro, como quien molesta a un perro dormido, para ver si gruñe.

Pero cuando los chicos se molestan entre sí, Jean interviene inmediatamente: «Chicos, somos una familia», les dice; «la familia es un lugar seguro, la familia es donde debemos amarnos y donde debemos tener confianza en nosotros mismos, y podemos ser reales, ser como somos, y ser amados».

Pienso que eso es exactamente el tipo de vulnerabilidad que el Señor quiere que tengamos; como parte de su familia puedo ser real, puedo ser yo mismo, puedo ser aquel que peca, y aún puedo ser amado.

Piense cómo las madres y los padres aman a sus hijos, con un amor firme, con un amor incondicional; sería casi imposible que los hijos puedan estirar o romper ese amor, no importa lo que hagan. ¿No es esa la forma en que nuestro Padre celestial piensa de nosotros? ¿Que «ni la muerte, ni la vida, ni ángeles, ni principados, ni lo presente, ni lo por venir, ni los poderes, ni lo alto, ni lo profundo, ni ninguna otra cosa creada nos podrá separar del amor de Dios» (Romanos 8.38–39, LBLA)? ¿Qué podemos hacer para separarnos de su amor? ¡Absolutamente nada! El amor de un padre por su hijo o su hija es el reflejo del amor de Dios por nosotros. El concepto de familia es, en parte por lo menos, la forma en la que Dios nos está tratando de decir cuán importantes somos para él.

La familia tradicional

Yo creo que la familia ideal está compuesta de tres partes principales: una mamá, un papá y algunos hijos.

Eso no quiere decir que la única forma de tener una familia amorosa y segura es en una familia tradicional con dos padres; yo soy prueba de que las cosas pueden resultar bien aun si no es así. Pero las estadísticas nos dicen que es más difícil de lograrlo, y la mayoría de los padres solteros dirían lo mismo. La crianza de los hijos es un trabajo para dos personas, y es parte del diseño de Dios. Biológicamente se necesitan dos personas para comenzar una familia: la mujer provee el óvulo y el hombre provee el esperma; y yo creo que la intención de Dios es que nos mantengamos juntos después del momento de la concepción, y toda nuestra biología concuerda con esto.

Desde el inicio de una familia, nuestro diseño divino obra para unirnos más; cuando abrazamos o besamos a alguien, nos dicen los científicos que nuestros cerebros sueltan algo que se llama oxitocina, a lo que a veces le llaman: «la hormona de la vinculación afectiva», que ayuda a crear una sensación más fuerte de intimidad y parentesco con la persona a quien tocamos. Una gran cantidad de oxitocina es liberada en el acto sexual, lo que naturalmente ayuda a unir a la pareja. Estamos predispuestos tanto biológica como químicamente para unirnos en una familia tradicional, esposos y esposas e hijos; el toque físico y la intimidad hace que seamos más propensos a ser emocionalmente íntimos el uno con el otro.

A medida que una familia avanza en ese diseño, uno aprende a apreciar no solo las cosas que nos unen, como el contacto físico y el amor, sino también aquellas cosas que uno podría pensar que nos pudiesen separar; aun nuestras diferencias pueden servir para unirnos.

Esa es la descripción perfecta de mi esposa y yo; Jean es una mujer introvertida, amante de la ciencia, más que yo; yo soy más el tipo extrovertido de marketing; y aunque nuestras diferencias pueden generar retos muy particulares, tanto en nuestro matrimonio como en nuestra forma de criar a nuestros hijos (de lo cual hablaremos más adelante), Dios nos unió con un propósito, juntos somos más fuertes porque nos complementamos mutuamente.

Por supuesto que ambos podemos ser padres amorosos y efectivos sin el otro; ambos nos las arreglamos bien cuando el otro no está, pero juntos llegamos al punto óptimo. Las decisiones racionales de Jean y su deseo de que a toda la familia le vaya bien, combinado con mi estilo relajado y tranquilo de tomar las cosas, y de disfrutar de los conflictos, dan lugar a algunos momentos complicados en los que hay que dar y ceder. Pero cuando tratamos con nuestros hijos, ya sea animándoles o corrigiéndoles, o simplemente pasando tiempo con ellos, nos permite darles, y espero que así sea, exactamente lo que necesitan en ese momento; sin lugar a duda somos mejores juntos.

La madre: El fundamento

Si hay una clave en la familia promedio, que hace que todo funcione, seguramente que es la mamá. Las mamás son más predecibles, más estables, más fiables; es el primer rostro que nos sonríe cuando nacemos y, por lo general, es el último rostro que vemos al acostarnos en la noche; ella besa nuestras rodillas raspadas, nos prepara sopa de pollo con fideos cuando estamos enfermos, y nos ayuda con nuestras tareas (pero nunca las hace por nosotros). Las mamás osas polares ayunan por ocho meses mientras alimentan a sus cachorros en sus guaridas; las mamás orangutanes, no dejan de tener contacto físico con sus bebés por cuatro meses. Pero cuando se trata de amar y de una disposición de dar, nada en el reino animal se compara con lo que nuestras madres hacen por nosotros.

Cuando la compañía Ramussen Reports encuestó a mujeres acerca de la importancia de las madres, seis de diez dijeron que la maternidad es el rol más importante que las mujeres realizan.[2] Hay una razón por la cual los atletas o la gente que está en medio de una muchedumbre siempre dicen: «Hola mamá» cuando se encuentran frente a una cámara; hay una razón por la cual los estadounidenses gastan casi 20 mil millones de dólares en el Día de las Madres.

En muchas maneras, para bien o para mal, nuestras madres nos hacen quienes somos. Algunos estudios sugieren que las madres tienen más influencia sobre nosotros que ninguna otra persona, y su influencia es mucho más fuerte cuando somos pequeños y nuestros cerebros aún son sumamente moldeables; nos elogian cuando nos portamos bien, nos regañan cuando nos portamos mal, y son ellas de quienes aprendemos por primera vez lo que es una buena persona; y aun cuando ya no necesitamos agarrarnos de su mano para cruzar la calle, en muchas formas, ellas siguen mostrándonos el camino hacia adelante.

En El Proyecto Familia, el autor Eric Metaxas dice: «El amor que una madre tiene por su hijo o hija es, probablemente, el amor más poderoso que un ser humano tiene por otro. Metafóricamente, el cordón umbilical nunca se puede cortar».[3]

Los chicos que nunca llegan a conectarse con sus madres terminan con resultados muy tristes; según el psicólogo cristiano y autor, el doctor John Townsend, las personas que no reciben el amor y la atención que necesitan de sus madres a una edad temprana tienen dificultades en sus relaciones interpersonales por el resto de sus vidas. «Simplemente, no hay forma de subestimar cuán importantes son las madres», dice en El Proyecto Familia.[4]

¿Qué tan importantes son las madres? Hasta la Biblia ve su influencia como algo prácticamente inigualable; dele una mirada a Proverbios 31.25–29 (LBLA):

> Fuerza y dignidad son su vestidura,
> y sonríe al futuro.
> Abre su boca con sabiduría,
> y hay enseñanza de bondad en su lengua.

> Ella vigila la marcha de su casa,
> y no come el pan de la ociosidad.
> Sus hijos se levantan y la llaman bienaventurada,
> también su marido, y la alaba diciendo:
> Muchas mujeres han obrado con nobleza,
> pero tú las superas a todas.

Mi madre murió cuando yo tenía nueve años de edad; aun antes de su muerte ella no paraba en casa tanto como a mí me hubiese gustado. No, ella no era perfecta, bebía bastante antes de que yo naciera, nunca nos llevó a la iglesia; y sin embargo, aunque tuvimos poquito tiempo juntos, yo la considero como la influencia más grande en mi vida.

La importancia de la madre en la fórmula familiar, por lo general, provoca que pasemos por alto al papá; sin embargo, la ciencia nos muestra que los padres también tienen un rol muy importante en la crianza de hijos saludables.

El padre: El comodín

Cuando escribí el libro *The Good Dad* [El buen papá], llamé a muchos padres comodines; uno podía contar con las mamás, uno sabía que ellas siempre permanecerían; sin embargo, los padres no son tan fiables todo el tiempo, y yo lo sabía por experiencia propia. Los padres abandonan a la familia con más frecuencia que las madres, y hoy en día parece que los padres más que nunca se van por su propio camino. Cuando yo era niño era una rareza ver a una familia sin papá; la mayoría de mis amigos vivían con sus papás en 1970. En el 2010, solo sesenta por ciento de los hijos tuvieron la misma oportunidad; hoy en día 15 millones de chicos viven sin un papá, como yo. Muchos ni siquiera *llegan a conocer* a sus padres.

Aun cuando los papás son parte del círculo familiar, muchas veces se mantienen alejados; están muy ocupados con el trabajo, muy metidos con sus amigos, propensos a esconderse en el garaje o el sótano de la casa.

Pero cuando los papás se involucran, los chicos están encantados.

Según National Fatherhood Initiative, «los hijos con padres estables e involucrados tienen más ventaja en casi todas las medidas cognitivas, sociales y emocionales».[5] Estos chicos están más listos para ir a la escuela y tener éxito una vez que comiencen; tienen menos probabilidad de involucrarse en comportamientos riesgosos, de ser abusadores o de meterse en problemas en la escuela. Las familias que tienen un padre en casa tienen la tendencia a ser más estables económicamente; hay menos probabilidad de que las chicas sean activas sexualmente a una tierna edad cuando tienen un padre en casa; los lazos entre un padre y una hija impactan muchísimo las futuras relaciones que ella tendrá. Carey Casey, presidente ejecutivo de National Center for Fathering escribe: «Todo muchacho u hombre que ella conozca, automáticamente lo medirá con su papá y esa relación, quien es su estándar y modelo de hombría».[6]

Cuando uno observa cómo opera una familia con dos padres, se da cuenta de que la madre es la fuerza que domina durante los primeros años de vida de un niño; cuida de ellos y los hace madurar en el hogar.

Pero a medida que los chicos crecen, los padres entonces toman un rol más grande en sus vidas; tienden a ser un poco más bruscos, empujan un poco más a sus hijos, los fuerzan a mirar hacia el futuro. Las mamás son como los constructores de barcos, quienes con martillos construyen el barco para que sea una embarcación en buen estado para navegar, que mantendría a sus hijos a salvo y secos mientras van por la vida. Los papás, subimos las velas, ayudamos a nuestros hijos a que atrapen el viento y sepan cómo usarlo, y en el momento correcto, los ayudamos a que salgan a navegar.

En El Proyecto Familia, el doctor Tony Evans dice: «Dios ha llamado a los padres a que guíen a sus hijos hacia el futuro, guiarlos hacia allá en forma responsable y disciplinada, donde tengan los valores del reino operando en sus vidas».[7]

De acuerdo con las estadísticas, si uno quiere que sus hijos sean saludables y estables, deles una madre amorosa y preocupada por ellos; si uno quiere que los hijos tengan éxito, deles un padre amoroso e involucrado. Eso no quiere decir que un chico no tendrá éxito si no tiene un papá, o que será un desastre emocional si no tiene una mamá; sino que cuando trabajan juntos, usando sus habilidades y talentos dados por Dios, les dan a sus hijos un gran fundamento sobre el cual pueden edificar sus vidas.

El hijo: La razón

Algunas personas dirían que para tener una familia todo lo que se necesita es un hombre y una mujer; un gran número de parejas eliminan totalmente la idea de tener hijos para poder concentrarse en sus carreras, concentrarse en los viajes y concentrarse el uno en el otro; y a veces cuando estas parejas necesitan algo más en sus vidas, consiguen un perro o un gato, o quizás un carpín dorado.

A mí me parece que estas parejas se están perdiendo algo bueno.

De seguro que algunas personas van a enarbolar estudios que sugieren que las parejas sin hijos se sienten más felices; señalarán también que criar a un hijo hasta la edad de dieciocho años cuesta más de 250.000 dólares (sin contar con el costo de este libro). Pero no se dan cuenta de que el gozo de criar hijos es mucho más grande que la felicidad superficial; el valor de verlos crecer sobrepasa lo que podamos acumular en nuestras cuentas bancarias. Sí, criar hijos es difícil, estresante y exasperante, pero, ¿cuántos padres cambiarían a sus hijos por un poquito de paz y tranquilidad, unas lindas vacaciones en Aruba? No muchos.

Creo que lo hijos hacen que seamos mejores personas también. Ellos necesitan tantas cosas que nos fuerzan a pensar en ellos antes de pensar en nosotros; son tan demandantes, lo cual nos hace pensar en los límites, tanto para ellos como para nosotros; nos enseñan paciencia, autocontrol, el arte de perdonar y la belleza del amor incondicional.

O por lo menos, así es cómo deberían ser las cosas. Creo que así es como lo *diseñó* Dios para que funcione.

Desafortunadamente, nuestros hijos no sacan a la luz lo mejor que hay en nosotros, a veces sacan a la luz el perfeccionismo que hay en nosotros, y eso es un problema.

El concepto de lo ideal es una mentira

Si usted compró este libro con la esperanza de encontrar la última herramienta importantísima que necesitaba para edificar una familia perfecta e ideal, déjeme decirle una sola palabra: olvídelo.

Aunque mi familia en alguna manera refleja el amor de Dios por nosotros, eso no quiere decir que puede, o debería, reflejar su *perfección*. Ninguno de nosotros es perfecto; como personas, pecamos, y con seguridad como padres tenemos faltas, yo sé que las tengo. Aun con los pilares gemelos que son el padre y la madre, las familias que edificamos son un poquito... raras, ¡*todas!* Muchas familias se las arreglan sin uno de esos pilares; quizás el papá está fuera del cuadro, o quizás mamá, quizás el abuelo y la abuela están criando su segundo grupo de hijos. Las familias son de diferentes tamaños y formas, pero ninguna es perfecta.

Dios conoce nuestras fallas y circunstancias mejor que nadie; él no espera que ninguna de nuestras familias sea perfecta, y nosotros tampoco deberíamos hacerlo.

Cuando yo era niño, si alguien me hubiese preguntado cómo es una buena familia, yo me hubiese referido a los Bradys o los Douglases en la TV, no me hubiese referido a la mía; al final de cuentas mis ejemplos de buenas familias no eran familias *reales* tampoco, llamémoslas mitos aspiracionales, basados en ratings, auspiciadores, y un ideal colectivo de cómo debería ser una familia. De hecho, mi familia no era como *La Tribu Brady*, ¿y sabe qué? Aun si usted creció en una familia con un papá y una mamá amorosos, apuesto a que su familia tampoco era como la de los Brady todo el tiempo.

Me pregunto, ¿habrá un gran número de personas que tenemos las mismas ideas idílicas, y básicamente irrealistas, de cómo debe ser una familia?

En el 2013, un estudio conducido por Michigan University descubrió que los usuarios frecuentes de Facebook, por lo general, se sentían menos satisfechos con sus vidas.[8] Los investigadores suponen que estos usuarios de Facebook miran a todos los rostros sonrientes en sus notificaciones, como papás y mamás e hijos que juegan en sus vacaciones, o cuando celebran una graduación de la escuela primaria, y concluyen que, en comparación, sus propias vidas son menos satisfactorias; algunas personas ahora le han puesto el nombre de Fantasybook a Facebook.

Pienso que eso nos puede pasar a nosotros respecto a la familia; uno no tiene que ser un niño en un hogar roto que mira *La Tribu Brady* para sentir un poquito de envidia familiar. Sé que los Bradys representaban a una familia mezclada, pero para muchos estadounidenses ellos aun eran la familia perfecta, dirigida por una mamá y un papá amorosos, es más tenían una ama de llaves muy ingeniosa para alegrar las cosas un poquito. El punto es que, aunque ninguno tiene una familia feliz, a veces pareciese que todos los demás la tuviesen; después de todo, las conocemos en las iglesias, oímos de ellas en el trabajo, las vemos en los comerciales de televisión.

Aun nosotros colgamos sus retratos en la entrada principal de Focus on the Family, fotos de niños que ríen, padres atentos y abuelos sabios, todos ellos silenciosamente les dicen a los visitantes cómo *debe* ser una familia saludable. ¿Y nosotros que no tenemos familias perfectas? A veces nos preguntamos en qué fallamos.

Yo también tengo fotos como esas, fotos de mi esposa Jean y yo, riendo y jugando con nuestros dos hijos maravillosos, Trent y Troy; esas fotos muestran lo mejor de nosotros, nuestros momentos más felices e idílicos, fotos que no estarían fuera de lugar en el área de recepción de Focus on the Family, pero estas fotos no cuentan toda la historia.

Yo no tomo fotos cuando mis hijos traen a la casa malas notas del colegio. Jean y yo no sacamos la cámara cuando estamos peleando. No me tomo un selfie cuando pierdo la paciencia, y dudo que yo sea algo fuera de lo común. Son pocas las personas que documentan esos momentos menos perfectos; y de hecho no los ponemos en un cuadro ni los ponemos en nuestro muro de Facebook.

Créame, las fotos en nuestra área de recepción pueden parecer perfectas, pero no va a encontrar ninguna familia perfecta representada en esa pared de bienvenida. Todos esos chicos sonrientes les mienten a sus padres, o son insolentes con las autoridades, y si no lo han hecho aún, lo harán. Todos los padres en esas fotos probablemente pierden los papeles con sus hijos cuando deberían sentarse y prestar atención. No existe tal cosa como la familia perfecta, y si existiera, yo no soy la persona indicada para escribir acerca de eso.

Conozco a autores y expertos que insinúan que tienen una familia perfecta; les dicen a sus lectores o proclaman a sus audiencias que ellos saben de algunos secretos para que su familia también sea perfecta: *pasa una hora diaria en la mesa a la hora de la comida, limita el tiempo de mirar la televisión, abraza a tus hijos por lo menos cuatro veces al día, no tengas temor de disciplinar a tus hijos*. Ninguno de estos secretos son malos, la mayoría de ellos pueden ayudar, pero ¿dan alguna garantía? No. Irónicamente, a pesar de tener estos secretos, la familia de algunos de estos líderes son un desastre. Estos autores, ministros y expertos en crianza de hijos quieren desesperadamente cumplir con las expectativas de su audiencia, para mostrarle al mundo cómo vivir la vida en *familia*, y no ven la condición real en la que se encuentran sus propias familias; sus amigos pueden ver su disfunción, pero estos expertos permanecen ciegos y no ven su propia realidad.

El *ideal* de una familia perfecta, vivir a la altura de las fotos que vemos y las que a veces nosotros tomamos, tiene su lugar; debemos establecer una meta, aunque realísticamente nunca la alcancemos, tal como todos nosotros deberíamos esforzarnos por ser las personas que Dios ha diseñado que seamos, aun si nunca llegamos a ser esas personas aquí en la tierra. Pero hacer que la idea de una familia perfecta se vuelva un ídolo es otro asunto; es peligroso. Un rasgo de perfeccionismo a veces zigzaguea por nuestro ADN; cometemos el error de creer, aun de modo subconsciente, que el perfeccionismo es algo que se puede lograr. Creo que, especialmente los papás, abandonamos la paternidad porque nunca lo podemos hacer bien realmente. Es muy difícil lograr un puntaje de nueve o diez en el juego de la paternidad, y a veces nos decimos que si no podemos anotar un puntaje perfecto o casi perfecto no lo vamos a lograr, y simplemente nos rendimos.

Supongo que esta tendencia hacia el perfeccionismo puede convertirse en un gran problema, especialmente en los círculos cristianos. Nuestras familias son el libro de calificaciones máximo; sentimos que se nos da un puntaje, y a veces así es, dependiendo de qué tan bien educados o hábiles o santos parezcan nuestros hijos. Las familias se pueden sentir muy presionadas a ser perfectas, o por lo menos a parecer que lo son. Lo vemos como una evaluación de nuestras habilidades para criar hijos; si ellos fallan en algo, nosotros también.

De modo que nosotros los padres nos podemos desesperar por hallar la perfección. Compramos docenas de libros para acercarnos a esa meta un poquito más. Seguimos todos los ejemplos presentados por los expertos en crianza de hijos, los que dicen: «Si sigue estos 14 pasos, está garantizado que sus hijos van a amar a Dios, van a honrar a sus padres y probablemente lleguen a ser doctores».

Pero edificar una familia no es como construir una casa, aun si sigues los planos, no va a ser exactamente como la foto. La crianza de los hijos no es ingeniería, y no es unan ciencia, es más bien caótica, impredecible y complicada desde un inicio, no hay garantías, y con seguridad no hallaremos perfección en ella.

La crianza de los hijos es más arte que ciencia. No es una fórmula química, en la cual uno añade esto, aquello, y algo más y ¡ya está!: una familia perfecta. La paternidad es más como cocinar en casa, donde nuestros gustos diferentes e inclinaciones se balancean y se combinan entre sí, y solo la experiencia y el amor pueden hacer que el plato salga riquísimo,

Sí, al igual que en la repostería, podemos seguir las indicaciones, reglas y pautas que nos pueden ayudar en el proceso, podemos, y le diremos algunas de ellas; si usted sigue algunos pasos fundamentales podrá mejorar el ambiente de su hogar e incrementar la posibilidad de criar un hijo sano.

Pero la repostería es un trabajo que crea mucho desorden también, uno se ensucia las manos. Este tipo de trabajo no ofrece ninguna garantía, no promete nada. No hay ningún set de instrucciones que le dé un producto final perfecto. Por eso es que debemos dejar de imitar a las familias perfectas que pensamos que conocemos, y debemos crear nuestra propia receta.

Hay que dejar de lado la perfección

Cuando pienso en la familia, pienso en palabras como: *amor, seguridad, ánimo, afirmación positiva* y *paz*; pienso en cómo quiero que sea mi familia. Y a veces cuando Jean y yo hacemos las cosas tan bien, y nuestros hijos cooperan, la familia es como yo pienso que debe de ser. Se parece bastante a lo que Dios tenía planeado.

Sin embargo, la mayor parte del tiempo, esas palabras se parecen más a una lista de deseos que a lo que encontramos en la realidad. Se siente como que las familias son caóticas, fragmentadas y disfuncionales; los padres, a quienes amamos y admiramos, no son amorosos o dignos de admiración todo el tiempo, al igual que nuestros hijos no actúan cortésmente ni se portan bien todo el tiempo. Nuestras familias tienen fallas y están caídas, al igual que todo en este mundo; no hay nada que refleje el diseño de Dios completa y perfectamente, ni aun la familia más perfecta, y no importa cuánto lo deseemos o cuánto oremos, eso no va a cambiar.

Pero por el simple hecho de que no podamos tener familias perfectas *todo el tiempo*, no quiere decir que no podamos crear familias buenas; quizás no seamos perfectos todo el tiempo, pero podemos fomentar familias saludables y hogares felices llenos de amor y afirmación positiva, lo suficientemente sanos para ayudarnos a todos a superar aquellos momentos difíciles que no podemos evitar. Los chicos no nos están pidiendo que seamos perfectos, sino que seamos padres *presentes*, que tratan todos los días de darles amor, atención y ánimo cuando sea necesario.

Ese es el primer paso para crear la atmósfera correcta en la casa: estar presentes e involucrados en sus vidas, lo cual no quiere decir que usted tiene que ser un padre que está en la casa todo el tiempo (aunque eso no causaría ningún agravio), o que tenga que sacrificar su propia vida y las cosas que le interesan por el bien de sus hijos (lo cual podría ser contraproducente); pero sí es necesario que establezca un buen ritmo para su familia, mostrarles a sus hijos e hijas que los ama, se preocupa por ellos, y que siempre estará al lado de ellos cuando lo necesiten.

¡No somos perfectos! No podemos ser perfectos, pero tenemos esperanza, con cada día que pasa, que podemos ir mejorando en este asunto de la familia; con cada error que cometemos, podemos aprender algo, y con cada lección nueva, podemos acercarnos lentamente, centímetro a centímetro, metro a metro, a llegar a ser los padres que Dios siempre quiso que fuésemos.

Capítulo Tres

¿QUEBRADOS Y REALES?

✦

Las familias son como los carros, nos subimos a ellos cuando nacemos, y esperamos que nos lleven por un largo camino; pero algunos funcionan mejores que otros, y uno no sabe en qué condición están en base a como lucen.

Cuando crecía en el sur de California, mi primera familia le hubiese parecido a usted como un cacharro con las ventanas parchadas con cinta de embalar y el silenciador asegurado con sedal; se hubiese sorprendido de verlo funcionar.

Si ha leído alguno de mis otros libros, usted sabe lo cerca que estuvo mi familia de que la pusiesen sobre ladrillos. Mi padre biológico, un alcohólico, llegó a la casa una vez totalmente intoxicado, con un martillo en la mano, amenazando a mi mamá con que la iba a matar; falleció antes de que yo cumpliese catorce años, lo encontraron congelado en una construcción abandonada en Reno. Hank, mi padrastro, era un hombre duro y amargado, que me abandonó a mí y a mis cuatro hermanos y hermanas cuando más lo necesitábamos. Cuando llegué a la secundaria estaba prácticamente solo, pero en muchas formas, sentía como que los adultos en mi vida me habían abandonado mucho antes de eso; mi familia parecía estar rota, incluso totalmente destruida.

Pero si mira al fruto de esa familia: mis cuatro hermanos y hermanas y yo, parece que todos salimos bien. Por supuesto que no somos perfectos, ninguno lo es. Todos tenemos cicatrices, pero en términos generales nos sentimos muy saludables, a pesar de todo el trauma. Y debo darle las gracias por eso al motor que hizo que mi familia funcione: mi mamá.

La risa es la mejor medicina

Cuando yo crecía, no había mucho dinero en la casa. Mi mamá trabajaba en horarios locos para alimentarnos a los cinco, y aun así no alcanzaba; había días en los que no teníamos comida, no había leche, no había pan, no había nada. Durante esos años de escasez, mi mamá trataba de hacer que nuestra pobreza pareciese un juego, ella decía: «¡En lugar de leche vamos a echarle un poco de refresco a nuestro cereal!», si yo hacía una mueca, me respondía diciendo: «A ti te gusta el refresco, ¿no?».

«Sí».

«Y te gusta el cereal».

«¡Por supuesto!».

«¡Entonces *juntos* deben ser muy ricos!», me decía con una sonrisa. Y ya sea porque su lógica era imperturbable o por su entusiasmo inapagable, yo también sonreía.

A mí *no* me gustó, tenía un sabor horrible, pero era algo de comida en mi estómago de seis años de edad, y mi mamá estaba tratando de hacer lo mejor que podía.

Pero algunos días, ni siquiera la idea del refresco o la personalidad de mi mamá me podían levantar el ánimo; entonces ella recurría a medidas drásticas.

A la edad de seis o siete años caí en una depresión seria, probablemente cuando me di cuenta de que era muy pequeño para ir detrás de mis hermanos adolescentes, que no tenían tiempo para el hermanito menor; me sentía muy solitario. Así que, una tarde, mi mamá y mi hermano mayor, Dave, trajeron a la casa una caja chata de cartón con muchos colores y que encima decía: «Twister» («el juego que te convierte en nudos»).

No sé de dónde consiguió el dinero para comprarla, pero la trajo a la casa junto con otras bolsas misteriosas, e inmediatamente abrió la caja y sugirió que Dave y yo jugásemos; se ofreció para darle vuelta al dial, y me dijo: «¡Buena suerte!».

En ese entonces, yo apenas podía amarrarme los zapatos, Dave probablemente tenía quince o dieciséis años, era mucho más grande que yo y con mayor coordinación que yo; él podía alcanzar esos lunares de colores con mayor facilidad que yo. Si Las Vegas hubiese ofrecido apuestas por nuestro juego de Twister, apostar a mi favor hubiese sido un movimiento sumamente riesgoso.

Pero de alguna manera, aunque haya sido el disgusto del siglo, ¡yo gané! En reconocimiento a mi increíble victoria, mi mamá me dijo que me había ganado un premio, y rebosante de alegría, me alcanzó un paquete de ropa interior.

«¿Ves? ¡mira lo que has ganado!», me dijo.

«¡Sí!», dije emocionado con mi regalo por mi primer premio prearreglado. «¡Juguemos otra vez!».

Así que Dave y yo jugamos Twister casi toda la tarde, o así me pareció a mí, lo raro es que yo siempre ganaba, y mi mamá, quien reía y sonreía todo el tiempo, tenía un premio para mí después de cada victoria; ninguno de los premios eran especiales en sí: polos, medias, cosas que necesitaba para la escuela, pero como yo me los gané en una tarde común y corriente, llegaron a ser muy especiales para mí, casi como regalos de cumpleaños. Las medias eran tan especiales para mí como si me hubiesen regalado una bicicleta o un guante de béisbol.

Pero lo que hizo que esa tarde fuera tan fácil de recordar, tan vívida, que aún después de cincuenta años la recuerdo como si hubiese sido la semana pasada, es cuánto nos divertimos. Creo que a mi mamá le gustó ver que me divertía tanto después de haber caído en tal depresión, y a mí me encantaba oír la risa de mamá. Alimentábamos nuestra felicidad mutuamente, y en ese momento, la diversión que compartimos valía una semana de desayunos de cereal con refresco.

Aun hoy, sabiendo que muchos expertos criticarían muchas cosas de ese momento, expertos que me dirían que los «buenos» padres no derrocharían dinero que ha costado tanto trabajo en juegos de mesa tontos, o que no deberían proteger a sus hijos de la dura realidad de las competencias de Twister, todavía siento que este es un buen ejemplo de algo que mi mamá hizo bien. Ella no podía quitar todo nuestro dolor, pero nos ayudó a reírnos a lo largo de ese camino.

Cuidados en medio de la crisis

Mi mamá era una actriz exagerada, y su gran personalidad era la vida de nuestra familia.

Le encantaba el teatro. Recuerdo cuando me llevó a la obra *Mi bella dama* en Pasadena, California, y me acompañó detrás del escenario para conocer a las estrellas. Mis hermanos y hermanas me cuentan que ella pasaba mucho tiempo en la Asociación de Padres de Familia; escribía obras de teatro para la escuela y también cosía los disfraces. No sé si cuando era una niña pequeña soñaba con ser una actriz, o se veía a sí misma descansando en un camerino en Broadway lleno de flores con una estrella en la puerta (como cuando yo solía imaginar que era el mariscal de campo de un equipo de fútbol estadounidense profesional), pero me parece lógico. Sin embargo, su vida la llevó en una dirección diferente, y sus hijos se convirtieron en su devota audiencia.

Tengo recuerdos vívidos de ella cuando tenía más o menos cincuenta años; su madurez no le impedía voltear sus dientes postizos para hacernos reír. Aun cuando llegó a ser una gerente muy diligente de un restaurante se amarraba la cintura con un pañal hecho de una toalla y bailaba como una bebé. Ella hacía prácticamente *cualquier* cosa por ganarse una risa, quizás porque si no fuese por eso no tendríamos mucho de que sonreír.

Mi mamá actuaba como una payasa, pero hoy puedo ver que ella usaba su sentido del humor más que para hacernos reír. Tuvimos un tiempo increíble aquella vez que jugamos Twister, nos reímos tanto que nos dolía el estómago, pero ella quería hacer algo más que reír o darme premios, o crear un recuerdo valioso; ella quería que yo me sintiese seguro, apreciado y amado.

Los recuerdos que tengo de mi madre son muy valiosos para mí, y con mayor razón porque no tengo muchos.

Por muchos años, los años fundamentales, años de formación en mi niñez entre los cinco y ocho años, ella crió a cinco chicos sola como madre soltera. Trabajó como mesera y como gerente de un restaurante, lo cual quería decir que tenía que trabajar muchas noches y fines de semana. Por lo general, durante la semana llegaba a la casa a la media noche (si tenía suerte), y cuando yo me iba al colegio ella todavía estaba dormida; cuando yo llegaba a la casa a las 3:30 p.m. mamá estaba retrocediendo el carro para salir camino al restaurante.

Recuerdo muchos días en los que yo corría al carro justo cuando ella estaba saliendo, saltaba al lado del chofer solamente para darle un abrazo, me colgaba de la puerta como si de alguna manera pudiese hacer que el carro se detuviera para que se quedara conmigo. Ella manejaba despacito por medio metro conmigo colgando de la puerta por puro entretenimiento; nos reíamos de nuestro jueguito, y luego yo le rogaba que me trajese un batido de chocolate.

Al día siguiente, encontraba un batido de chocolate que me esperaba en el frigorífico, ese era mi desayuno, aunque quizás era más malo para mí que el cereal con refresco, pues creó en mí un amor por los batidos de chocolate que hasta ahora tengo, sea saludable o no. Esos batidos me recuerdan del lazo tan especial entre mi mamá y yo. Antes de salir del trabajo, ella estaba pensando en mí, y mientras yo sorbía el batido, y ella dormía en la habitación de al lado, yo sabía que ella me amaba.

Esos pequeños detalles tenían mucho significado para mí, me ayudaron a soportar las tormentas que vinieron después. Sea lo que fuese que estremeciese mi vida, siempre me sentí amado, me sentí aceptado, yo sabía que ella estaría a mi lado cuando la necesitase.

A veces solo la veía por unos minutos durante el día, cuando yo llegaba a la casa y ella salía; ese instante en el cual yo me colgaba en la puerta, solo bromeando a medias de que yo podía de alguna manera hacer que se quedara en casa, un intercambio pequeñísimo en realidad, pero en alguna forma era suficiente.

A temprana edad aprendí que la vida era dura, que nuestra familia no era perfecta, y que nunca lo sería; pero de alguna forma esos problemas ayudaron a darle a mi mamá y a sus hijos la habilidad de lidiar fácilmente con la vida y con todas las calamidades que vienen con ella. Cuando llegaban los problemas nos podíamos reír de ellos, y si no podíamos reírnos, por lo menos podíamos encoger los hombros y buscar una forma de seguir adelante.

Creo que esa habilidad se ha convertido en una de mis fortalezas, como líder y como padre. De hecho, no soy perfecto, cometo cantidad de errores, pero no me estremezco fácilmente, y cuando la gente me dice: «Los problemas te resbalan como el agua en la espalda de un pato», le doy crédito solamente a dos relaciones en mi vida: el Señor y mi mamá. Ella se gana el trofeo por edificar esa habilidad en mí y de hecho en todos los chicos Daly; me parece difícil creer que ella lo haya hecho en solo unos minutos cada día. Aprendimos de ella que aun cuando la vida te dé golpes bajos, no puedes dejar que el dolor se quede merodeando, tienes que sacudírtelo.

Sorprendente, ¿no? Mi familia parecía rota, y así era en muchas formas, pero a pesar de ello, y quizás a causa de ello, aprendimos a tratar con nuestro quebrantamiento y con las astillas del quebranto alrededor nuestro. Nadie confundiría a mi mamá con una mamá perfecta, pero ella logró darles a sus cinco hijos las herramientas fundamentales que necesitaban para sobrevivir, nos dio resistencia para pasar por nuestros problemas, y la habilidad de poder reírnos en medio de ellos. No podía alimentarnos siempre, pero nos dio otro tipo de seguridad; nosotros siempre sabíamos que ella nos amaba y se preocupaba por nosotros.

Aunque al mundo entero le hubiese parecido que nuestra pequeña familia, estrafalaria y caótica, estuviese rota, nos hizo llegar a dónde teníamos que ir.

Por lo menos por un tiempo.

Añicos

En su libro *Anna Karenina* (*Ana Karenina*), Leo Tolstoy escribe: «Todas las familias felices se parecen unas a otras; pero cada familia infeliz tiene un motivo especial para sentirse desgraciada».[1] Con todo el respeto a Tolstoy, dudo que eso sea verdad; si bien es cierto que cada familia es única, parece que las familias infelices que yo he visto y aquellas de las que yo he sido parte, se rompen en formas que se pueden contar con los dedos.

El doctor Tim Elmore, fundador del ministerio Growing Leaders, invitado frecuente del programa cotidiano de Focus on the Family, dice que nuestros errores caen en una de dos áreas: *abundancia* o *abandono*; en mi opinión así es. En mi niñez yo tuve más experiencia con la parte del *abandono*; situaciones que el mundo exterior las veía como rotas. El abuso y la adicción pueden separar a la familia; uno o ambos padres pueden dejar que su ira los vuelva desatentos.

Pero en estos días, en mi rol en Focus, he llegado a la conclusión de que la mayoría de nosotros tenemos el problema de la *abundancia*, y quizás especialmente en las familias cristianas: vigilamos demasiado y sermoneamos demasiado. Nos enfocamos tanto en la felicidad y el éxito de nuestros hijos que nunca los dejamos fallar; nos centramos con tanta intensidad en los logros de nuestros hijos, y los nuestros como padres, que desarrollamos un deseo dañino y totalmente vano por la perfección.

¡Qué extraño que alguien use la palabra *perfección* en combinación con el cristianismo! De todas las grandes religiones del mundo, solo el cristianismo nos dice claramente que *no* podemos alcanzar la perfección. Mientras que los budistas buscan el nirvana, y los judíos tratan de seguir la Ley, nosotros los cristianos vivimos bajo una cubierta de gracia. Dios sabe que somos un desastre, y aun así él nos ama, aunque indefectiblemente no lleguemos a la meta.

Entonces, ¿por qué, a pesar de tan grande demostración divina de gracia, nos cuesta demostrarles a nuestros cónyuges y a nuestros hijos esa misma gracia? El mundo toma nota del hecho de que somos sentenciosos, y son demasiadas las veces que el mundo tiene la razón; en la comunidad cristiana usamos constantemente las palabras «amor incondicional» y «salvos por gracia», pero casi nunca las aplicamos, ya sea en nuestros hogares o en la cultura en general, así que destrozamos horriblemente nuestras relaciones.

Algunos hombres que se dedican al ministerio cristiano hablan incesantemente acerca de la gracia y el perdón, pero en lo secreto (o en algunos casos no tan secretamente) creen que ya han superado este asunto del pecado. Han llegado a una satisfacción total, han llegado a ser la persona que Dios quiere que sean. Pero ¿sabe qué?, sus familias, o al menos las familias que sabemos, están completamente rotas; las luchas de sus hijos mayores los han llevado a la rebelión. Ahora, estos líderes dirán que sus familias han sufrido a causa de los ministerios que dirigen, las distracciones, las interrupciones, las demandas, la fama, pero a mí no me parece que sea así. Yo creo que cuando uno piensa que ya llegó a la meta, hablando espiritualmente, pierde su humildad; uno pierde su habilidad de involucrarse con las personas que inevitablemente son mucho más débiles.

¿Y qué sucede cuando esas personas más débiles son nuestros propios hijos? Uno demanda más de lo que nuestros hijos pueden ofrecer, lo cual da como resultado: peleas, resentimiento, rebelión y alejamiento. Es peligroso y sumamente dañino imaginar que hemos llegado a la meta. Todos somos personas quebradas, e imaginar que no tenemos falta, que somos intachables, solo revela la peor vanidad que pueda existir. En esta tierra no podemos llegar al punto en que ya no pequemos más, si pudiésemos hacerlo no necesitaríamos a Jesús.

Pero aun los que sabemos que somos personas quebradas, que sabemos en lo profundo de nuestro ser cuánto necesitamos la gracia de Dios desesperadamente, todavía somos tentados por la atracción seductora, pero peligrosa, del perfeccionismo. No queremos mostrarnos menos que perfectos; detestamos mostrar algún tipo de debilidad, y porque sentimos que somos juzgados como padres por los logros de nuestros hijos o por su comportamiento, demandamos que ellos sean perfectos o casi perfectos también.

Son pocos, o quizás ninguno, los padres que dirían que esperan tener hijos perfectos, pero algunas de nuestras acciones hacen que nuestras buenas intenciones se vean como mentiras.

Una familia disfuncional empieza a echar raíces cuando un padre empieza a provocar un mal comportamiento; cuando las mamás o los papás tratan de avergonzar o despreciar a sus hijos para enseñarles una lección; sucede cuando usan los insultos o el sarcasmo cruel para enfatizar su punto de vista. Con el tiempo, llega un punto cuando el muchacho siente que nunca va a ser lo suficientemente bueno. ¿Qué sucede entonces? Los chicos se rinden; saben que nunca van a poder cumplir con las expectativas, y su comportamiento se va en picada, lo que irónicamente hace que los padres eleven las expectativas aún más alto.

No hay que ser un genio para saber lo que sigue después. Los chicos quieren, mas bien *necesitan*, sentir amor y aceptación, entonces tratan de encontrar ese amor y aceptación en sus amigos. Ellos saben que sus amigos los van a aceptar, sin importar qué, aun cuando se estén drogando, teniendo sexo o se estén embriagando; ellos saben que sus amigos los van a amar de todos modos, y quizás su círculo de amigos fomenta ese tipo de comportamiento. De pronto, las cosas con las que los padres trataron de avergonzar a sus hijos para que *no* las hicieran se vuelven las cosas que ellos piensan que *tienen* que hacer para ser amados; reciben amor de la única forma en que saben recibirlo, el amor que deberían haber recibido en su hogar todo el tiempo.

Nunca dejamos de hablar de la gracia en la comunidad cristiana. Nuestra fe y toda nuestra vida está basada en ella. Los que estamos en el mundo evangélico oímos constantemente que no hay nada que podamos hacer para ganar nuestra entrada al cielo. ¿Pero qué sucede cuando se trata de nuestros hijos? A veces nos olvidamos, y cuando esto sucede, nuestro amor incondicional se vuelve *muy* condicional, *muy* motivado por los logros, y en nuestra cruzada por crear hijos perfectos, hacemos que se alejen de nosotros.

Lazos rotos

En el 2014, la revista *Rolling Stone* contó la historia de una joven llamada Jackie, que había sido criada en un hogar cristiano piadoso,[2] sus padres esperaban que ella fuese casi perfecta, y por la mayor parte de su niñez, Jackie les dio lo que querían.

«Había un estándar que tenía que cumplir», Jackie le dijo a la revista, «Y cumplí con el estándar toda mi vida, era una estudiante que siempre sacaba A, era presidente de todos los grupos y estaba en todos los deportes. Recuerdo mi primer día en la universidad, mis padres fueron conmigo a la hora de inscribirme para mis cursos, se sentaron con el consejero y dijeron: "Bueno, ¿de qué manera podemos hacer que entre a estudiar leyes?"».

Pero durante su segundo año en Idaho University, llamó a su mamá para decirle que era gay. Después de una larga pausa su mamá al fin respondió: «No sé qué habremos hecho para que Dios nos dé una hija lesbiana?», dijo, y colgó el teléfono; poco después la tarjeta de crédito de Jackie ya no funcionaba, y por intermedio del hermano de Jackie sus padres le dijeron que tenía que devolverles el carro que le habían dado o lo iban a reportar a la policía como que lo había robado.

Según *Rolling Stone*, la historia de Jackie no es algo fuera de lo común; la revista dice que, aunque los gay y lesbianas son el cinco por ciento de la juventud, representan el cuarenta por ciento de la población de jóvenes sin techo. Cuando converso con los activistas gay, ellos dicen lo mismo, y que quizás sea peor. Un activista me dijo que aproximadamente el setenta por ciento de los hombres que él conoce en el movimiento gay vienen de hogares cristianos conservadores, y que él era uno de ellos; dijo que nunca sintió amor y aceptación en su propia familia, así que se fue a buscarlos en otro lugar.

No puedo verificar la estadística del setenta por ciento; no puedo decir, ni tampoco puede hacerlo *Rolling Stone*, cuántos padres cristianos excluyen a sus jóvenes gay, pero aun si está cerca de la verdad, ¿no deberíamos nosotros los cristianos estudiar este asunto un poco más? ¿Será que los chicos que se sienten inadecuados en casa, que sienten como que no pueden cumplir con las expectativas de sus padres o madres, sienten que esas presiones familiares son tan duras que pueden aun impactar el centro de su orientación sexual? ¿Podrá eso, junto con otros factores contribuyentes, llevar a un chico o chica a una atracción homosexual? Me gustaría saber qué dirían los investigadores al respecto.

Si amamos a nuestros hijos y queremos ser una influencia positiva en sus vidas, ¿no deberíamos hacer todo lo posible para preservar nuestra relación con ellos, aun cuando les dan la espalda a nuestros valores?

¿Cuándo desechan los sueños que tenemos para ellos? Los padres son los que tienen más influencia sobre sus hijos, aun cuando están camino a la edad adulta. Lo que creemos es *importante* para ellos; pero cuando les transmitimos, por medio del abandono o la exclusión, que ya no *nos* importan, perdemos toda nuestra influencia. En cuanto cortamos nuestra línea de amor hacia ellos, cortamos nuestra habilidad de poder hablarles al corazón. ¿Cómo podemos atrevernos a decirles lo que creemos y por qué lo creemos si también les damos la impresión de que si no creen lo mismo entonces no pueden contar con nosotros?

Creo que muchos hogares y familias se han quebrado y se quiebran porque los chicos descubren que, después de todo, el amor «incondicional» de sus padres sí tenía condiciones. En lugar de crear un hogar amoroso, los padres pueden crear un ambiente disfuncional en el cual los hijos reciben una evaluación por sus logros; si se desempeñan bien, reciben una promoción en la jerarquía familiar, elogios y beneficios; pero si no, se lo hacemos saber, elevamos las expectativas, regañamos, castigamos, no tanto con la esperanza de que el castigo cambie el comportamiento, sino porque el chico ha hecho algo malo, se lo *merece*. Lo marcamos: el chico malo, el hijo problema, el bueno para nada; y una vez que uno comienza a marcar a un chico, por lo general, comienza a vivir conforme a esa marca.

Por fuera, estas familias parecen estar bien, por un tiempo. Como un carro deportivo exótico estacionado a la entrada de la casa que esconde un motor quemado, estas familias pueden aparentar ser muy buenas, pero dentro de la familia, sus miembros saben que algo anda mal, que algo está roto, malogrado. Podemos crear una hediondez en nuestras familias. Nuestras familias pueden rebosar con un control dañino, una ira que no es saludable.

¿Podría decir que ahí es donde usted se encuentra la mayoría de los días? Entonces hay algo que no es saludable, algo está roto, malogrado, y tiene que hallar la forma de remediarlo *inmediatamente*. Si no se ha tomado el trabajo de crear un ambiente de casa amoroso, alegre y con un buen sentido del humor, ningún hijo de dieciocho o diecinueve años va a querer volver una vez que ha salido de casa.

Contacto

Cuando era niño jugaba béisbol en la liga infantil; una tarde mientras esperaba que empezara mi juego, me puse a mirar uno que ya había comenzado.

En un momento durante la séptima entrada, casi al final del juego, el equipo que estaba bateando y que estaba perdiendo, había llenado todas las bases para el siguiente bateador, un chico pequeño y delgadito, como de mi edad; uno podía ver por la expresión en su rostro, que él hubiera preferido estar en cualquier otro lugar menos ahí en el plato.

Uno pudiese pensar que un juego de béisbol no es gran cosa, que es «solo un juego», como tantos otros. Uno no pone el puntaje del juego en la aplicación para la universidad o en el currículum vitae, tampoco es el séptimo juego de la Serie Mundial; sin embargo, todo aquel que está involucrado en los deportes juveniles sabe que cada juego, que cada bateada, puede ser importantísima para los chicos que están jugando, y a veces los padres lo toman más en serio que los chicos.

Ese fue el triste descubrimiento de ese chico.

Los padres enardecidos gritaban y se mofaban desde las graderías. Justo unos minutos antes, un par de ellos habían comenzado a pelear por una decisión del árbitro, con palabras groseras, puños y todo lo demás. Las tensiones ya estaban bien altas, los chicos en el banquillo gritaban, los chicos en el jardín se burlaban, mientras los padres gritaban; todo había creado un momento lleno de tensión.

Llegó a ser un momento de demasiada tensión.

El bateador estaba tan asustado y estresado que literalmente mojó sus pantalones, ahí parado en el plato. Yo podía ver sus pantalones mojados, no pudo esconderse; había mojado sus pantalones y todo el mundo, por lo menos *su* mundo, lo vio.

Me pregunto: ¿alguno de los padres que gritaban habrían sido *sus* padres? Probablemente. ¿Podría ser que la presión que sintió de su *propia* familia ayudó a crear lo que pasó esa tarde? ¿Y cómo habrían respondido su mamá y su papá después?

Durante un programa radial en el 2010 le conté la historia al doctor Tim Kimmel, quien fundó, juntamente con su esposa Darcy, el ministerio Family Matters. Él sabe lo que él hubiese hecho si ese hubiese sido su hijo: «Pienso que hubiese ido hacia dónde él estaba, lo hubiese alzado en mis brazos, y le hubiese dicho: "No te preocupes por esto hijo, te amo, vamos a superar este momento"». «Creo que en lo que respecta a la crianza de los hijos, siempre hemos usado la expresión: trata a tus hijos de la forma que Dios trata a sus hijos. ¿Y qué le haría Dios si usted hubiese tenido uno de esos momentos vergonzosos? ¿Te diría: "¡Sobreponte, por el amor de Dios; sé valiente!"? No, él nos abrazaría, porque él nos ama».

El bateador abanicó. ¿Qué más? Tenía que caminar de regreso al banquillo, donde estaban sus compañeros de equipo, y con los pantalones mojados; se le veía totalmente solo.

Ese pudiese haber sido yo, pudiese haber sido cualquiera de nosotros; es más, todos nosotros hemos tenido momentos como ese, en el que nos hemos sentido totalmente avergonzados, nos hemos sentido como un fracaso total. A nadie le gusta sentirse vulnerable o débil, pero a veces nos sentimos así porque *somos* vulnerables, somos débiles.

En momentos como ese, el Señor puede ministrarnos con mayor efectividad, nuestra vulnerabilidad es lo que él más busca; él aprueba la honestidad total; él ve lo peor de nosotros, nuestro verdadero yo, nuestro yo pecador, y a pesar de eso él nos ama.

Eso es lo que hizo mi mamá con efectividad, conmigo y con el resto de los chicos Daly; a pesar de nuestro mundo caótico, a pesar de ser un mundo quebrado y con fallas, nunca dudamos de su amor. A veces nos regañaba y nos corregía, pero nunca dudamos de su amor.

Y luego nos quedamos sin ella.

La prueba

Los doctores diagnosticaron a mi mamá con cáncer del colon cuando yo tenía nueve años de edad, vivíamos en Long Beach, California, en ese entonces. Ella y mi padrastro Hank, un hombre amargo y rígido, tenían poco tiempo de casados. El sueño de compartir una vida juntos tomó un trágico desvío, lo cual hizo que Hank se volviese más amargado y frustrado, con la carga de cuatro chicos, que nunca quiso, ni se imaginó que tuviese que criar solo (el mayor de mis hermanos, Mike, ya se había enlistado en la Naval para ese entonces). A veces, en la mesa, a la hora de la comida, cuando trataba de orar temblaba con llantos, mientras que nosotros nos reíamos de él disimuladamente.

En cierta forma, yo había perdido a mi mamá antes de que ella muriese. Hank la aisló, literalmente la encerró en su habitación y mantuvo la llave con él, quizás porque él sabía qué clase de madre era mi mamá. Probablemente él podía ver que ella se daría del todo a nosotros a pesar de su enfermedad; quizás le preocupaba que ella pudiese derramar cada onza de sí en nosotros, cada sonrisa, cada lágrima, cada pizca de energía que le quedase; quizás él pensaba: *ella necesita toda la energía que pueda tener.* Ella necesitaba toda su energía para luchar contra el cáncer y no la podía gastar en nosotros.

Cuando pienso en esa situación en ese contexto, no me puedo molestar mucho con Hank, quizás él pensaba que estaba haciendo lo correcto, pero eso no hace que el lado negativo sea menos doloroso para nosotros. Al encerrarla, él quitó el poquito tiempo que mi mamá y yo hubiésemos podido pasar juntos.

No vi a mi mamá por varias semanas, y para empeorar las cosas, yo no sabía que se estaba muriendo. Yo no podía ver la diferencia entre un resfriado común y un cáncer terminal, y nadie le decía lo que estaba pasando al bebé de la familia.

Solo recuerdo haberla visto una sola vez durante esa época oscura.

Llegué a la casa un día, y vi que la puerta de su dormitorio estaba abierta. Yo sabía que Hank se iba a poner furioso por no haberle echado llave a la puerta antes de salir, y también que se pondría furioso conmigo si yo entraba. Al entrar por la puerta dudé, pero mi mamá me llamó y me hizo señas para que me acercase.

He contado esta historia antes, el shock que tuve al ver cuán diferente se le veía, la forma en que su cabello rojo y corto delineaba su rostro tan delgado y demacrado. Pero la misma sonrisa de siempre iluminó su rostro, la misma sonrisa que tenía cuando me servía el cereal con refresco, cuando yo me colgaba de la puerta de su carro, cuando le dio la vuelta al dial de Twister; esa sonrisa me dijo sin una sola palabra: *tú* eres mi hijito, mi luz, mi tesoro.

Su sonrisa parchó la ruptura, el quebranto, una vez más; antes de partir totalmente de este mundo.

Falleció poco después de nuestra última visita. Cuando murió, sentí como que mi mundo se había acabado, ella *era* mi mundo en muchas formas: era mi ejemplo, era mi energía, era el único amor que yo conocía.

Seguí viviendo. Su agonía, y aun su muerte no me aplastaron, y eso se lo debo a ella también.

No pasé esos días acurrucado junto a la puerta cerrada de la habitación de mi mamá. Encontré diferentes formas de vivir. Me gustaba la escuela y me fue bien ahí, jugaba afuera, corría, montaba mi bicicleta, hacía experimentos en el garaje, hacía disparar las tapas de las botellas de gaseosa, encontré tortugas y serpientes en el jardín. Hacía todas las cosas normales que hacen los chicos. Iba creciendo confiado en mí mismo; amaba a mi mamá, pero las habilidades que ella me enseñó me ayudaron a vivir sin ella.

Aunque pasamos muy poco tiempo juntos, en esos momentos, de alguna forma, ella me dio tal fundamento de amor y aceptación, resistencia y confianza en mí mismo, que aun pude soportar su muerte. Es un poco raro pensar en esto. Es como si ella hubiese encontrado la forma de ponerme en libertad a los nueve años de edad y yo hubiese estado listo para volar.

Como quisiera poder ver a mi mamá ahora, y decirle lo especial que era para mí, lo que me enseñó, cuánto la amaba, y cuánto la amo aún, y confío en que la volveré a ver algún día. Pero por ahora, déjeme decirle lo que ella me enseñó: una familia feliz no es seguir todas las reglas, dar el castigo perfecto o criar estudiantes que saquen notas altas para que lleguen a ser doctores o abogados o líderes de ministerio, sino es darle a los hijos la habilidad de lidiar con las adversidades, de no dejar que las situaciones les afecten, y seguir adelante, reír y llorar, y no sentirse avergonzado.

Excavar a profundidad

Esa última tarde con mi mamá, me pidió que hiciera algo por ella, me pidió que fuera a la tienda y comprara un paquete de semillas de crisantemos, y que las plantara al pie de su ventana.

No tuvo la oportunidad de oler el aroma de esas flores, tampoco yo. Hank vendió la casa y se fue el día del funeral de mi mamá; pero ver que retoñaran los crisantemos no era lo más importante, y mi mamá lo sabía. Al pedirme que le hiciera un último favor, me permitió crear un último recuerdo de ella, sentir la tierra desmoronarse en mis manos y sentir su fresco y margoso aroma. Al pedirme ese pequeño regalo, mi mamá continuaba dando.

Las familias no son solo como los carros, también son como jardines. Pueden ser lugares muy desordenados, lugares sucios llenos de mala hierba e insectos, con mucho sol, con mucha agua. Demandan trabajo y paciencia, y la disposición de que el barro llegue hasta las rodillas. También es de gran ayuda tener un buen sentido del humor mientras uno cuida de ellos.

La jardinería también es un acto de confianza, un acto de fe. Debajo de la tierra crece un milagro, uno que tiene menos que ver con usted y más con Dios. Usted no puede *hacer* que la semilla brote, no puede *forzar* que florezca; su tarea es ayudar al milagro en el proceso.

✦

SEGUNDA PARTE

Cómo edificar una familia mejor

Capítulo Cuatro

LOS FUNDAMENTOS

✦

Hemos establecido que la perfección es el enemigo de la crianza de los hijos. Sabemos que la clave para crear una vida hogareña buena no es presionar a nuestros hijos a que saquen A o demandar que siempre den el golpe ganador. Debemos aprender de Jesús; la gracia es de suma importancia en nuestra vida espiritual como en nuestra vida familiar, debemos estar listos para demostrarles esta gracia a nuestros hijos y a nuestros cónyuges, y aun a nosotros mismos. Debemos apartar de nosotros el concepto de familias que no tienen errores, y aceptar una forma más desordenada de hacer las cosas. Y tenemos que entender que aunque no hagamos las cosas correctamente, podemos ayudar a que nuestros hijos crezcan y sean amorosos, virtuosos y exitosos.

Pero antes de que usted comience a sacar el cereal y refresco, demos un paso hacia atrás. Estoy defendiendo la idea de una crianza *imperfecta*, no *indiferente*. No debemos enfocarnos profusamente en las reglas del juego de la crianza de los hijos, pero hay algunas pautas a las cuales debemos prestar atención.

Estoy convencido de que la mayoría de las familias que funcionan bien siguen algunos principios fundamentales, que crean un marco para lidiar mejor con algunos de los problemas más insidiosos de la crianza de los hijos. Estas herramientas pueden ayudarnos a poner de lado el estrés, la tristeza y la culpa que vienen con la crianza de los hijos motivada por el perfeccionismo. Si la familia es un carro, estos fundamentos son su juego de herramientas para el mecánico; si la familia es un jardín, estos son su pala, azada y regadera. Si usted tiene estas herramientas, tiene la habilidad de encarar los asuntos del perfeccionismo, y el estrés, la pena y la culpa que vienen con ellos, que pueden infectar aun a las familias que parecen ser las mejores.

Conozca a sus hijos

Me sorprendo con frecuencia de la cantidad de padres que piensan que los hijos son básicamente como galletas dulces: use los mismos ingredientes, córtelos de la misma forma, hornéelos a la misma temperatura, y de seguro saldrán todas iguales.

Aquellos que han sido padres por mucho tiempo saben que eso no es verdad; ni mucho menos. Pero aun cuando sabemos que nuestros hijos son diferentes, a veces nos frustramos cuando no tienen los mismos talentos y aptitudes que sus hermanos y hermanas, o los de sus padres. Si Lisa puede sacar puras A, bueno, la pequeña Maggie tiene que hacer lo mismo; si Tommy fue elegido presidente de su clase, Timmy por lo menos debe ser uno de los competidores. Esta suposición, que nuestros hijos deben sobresalir en las mismas áreas (especialmente en las áreas que son importantes para nosotros los padres), puede llevarnos a una de las formas de rebajar más mortales que tenemos en nuestro arsenal: «¿Por qué no puedes ser más como [llene el espacio en blanco]?».

Y aunque sabemos que nuestros hijos son tan diferentes el uno del otro, aún tratamos de usar las mismas técnicas para criarlos, los sobornamos de la misma manera, les damos los mismos castigos, les gritamos con el mismo volumen.

En ciertas formas, parece justo, tiene sentido; después de todo, no queremos tratar a nuestros hijos diferente, no queremos mostrar favoritismo. Aunque seamos sumamente *justos* cuando usamos la misma zanahoria y el mismo palo, no siempre somos tan *efectivos*. Algunos de los chicos sobresalen cuando mamá los fuerza a poner más empeño en la escuela, pero algunos pueden bloquear el reto del todo, y aun salen sintiéndose inútiles.

Es posible que algunos chicos respondan a una conversación tranquila de corazón a corazón, pero se rebelan cuando los disciplinan, mientras que otros necesitan el castigo para entender lo que se les está tratando de enseñar. Uno no sabe, a menos que conozca a sus hijos. El doctor Tim Elmore me dijo una vez que como padre, él juega ajedrez, no damas, en su casa. «Cuando uno juega damas, todas las piezas son iguales; cuando uno juega ajedrez, es mejor que sepas lo que cada pieza puede hacer».

Si usted ha entendido la suposición del ajedrez, podría suponer que mis dos hijos, Trent y Troy, se parecen muchísimo. Tienen la misma mamá y el mismo papá, solo se llevan dos años, están creciendo en el mismo ambiente, y van a la misma escuela. Ambos necesitaban anteojos casi al mismo tiempo, y sí se interesan por muchas de las mismas cosas, pero pase una tarde con cada uno, y se dará cuenta de que está en la compañía de dos chicos muy diferentes.

Trent, mi hijo mayor, se *parece* mucho a mí, pero su personalidad es más como la de Jean, lo cual ayuda a explicar por qué a veces chocan. Él es muy amable, serio, superinteligente, quizás el más inteligente de la familia, pero a veces tiene dificultades con sus estudios; y aunque él es quien más se parece a mí en la familia, somos personas muy diferentes.

Yo jugaba fútbol americano en mi niñez, y jugué como mariscal de campo en mi escuela secundaria en Yucca Valley, me encantaba el juego, y me encanta hasta el día de hoy. Cuando Trent estaba en la escuela primaria, noté que estaba robusteciéndose, se parecía a mí a esa edad, y pensé que *seguro iba a ser un jugador de fútbol*. Así que cuando él me contaba que pasaba tiempo con sus amigos en el receso del colegio, yo asumía que había pelotas en el juego, pelotas de fútbol, de béisbol, ¿tenía que haber pelotas, ¿no?, ¡él es un Daly!

Un día, cuando estaba en el quinto grado, Trent llegó a la casa después de la escuela, muy emocionado, en la cima del mundo. «¡Papá!», dijo corriendo hacia mí, «¡me gané una medalla!»; yo pensé: *¡seguro que sí!, tienes los genes atléticos de tu padre!*

«¡Bravo!», le dije, «¿en qué te la ganaste?».

«En ajedrez», me respondió.

No creo que Trent vio ese destello de decepción que cruzó por mi rostro, pero ese era el sentimiento. *¿Ajedrez?*, pensé, *eso no es de un Daly.* No estaba tan decepcionado por el hecho de que Trent estuviese involucrado en la clase de ajedrez como por el hecho de que no se estuviese convirtiendo en un mini yo. Él era mi hijo, se parecía mucho a mí, pero se estaba convirtiendo en su propia persona; y en ese momento, tuve que tomar una decisión rápida: animarlo a que fuera más como yo o celebrar lo que a él le intersaba.

«¡Guau!», le dije, «¿te sacaste una medalla en ajedrez? ¡Eso es INCREÍBLE!».

Troy, por otro lado, se parece más a Jean, pero actúa más como yo: él es más competitivo. Los elogios externos, como las notas y los elogios de sus padres, son importantes para él; pero él es de actitud más relajada, alegre, feliz, el tipo de chico que no deja que las situaciones le afecten. Trent es menos propenso a dejar que las situaciones no le afecten, sino más bien él deja que las situaciones le afecten, solo para probar cuánto puede resistir.

Parece que Troy sobresale en todo lo que él se propone lograr; y aunque Trent siempre ha sido el más dominante físicamente entre los dos, Troy es más grueso y en muchas formas más grande que Trent. Trent es más alto pero no tan robusto. En el sótano de nuestra casa tenemos una pera de boxeo y una bolsa de boxeo, y cuando Troy golpea la bolsa, esta se mueve varias pulgadas; últimamente le he estado diciendo a Trent que no moleste mucho a Troy. «Él es un chico muy bueno, pero si lo molestas mucho y te da un golpe, te puede noquear».

Uno puede ver cómo sus diferencias salen a la luz en la forma que ellos manejan el contacto físico. Troy es el maestro tocador, toda su vida le ha gustado abrazar y jugar a la lucha libre. Se tiraba en mi regazo y se me acurrucaba hasta el cuello; es más, aunque ya tiene catorce años todavía lo hace, se sienta en mi regazo mientras me preparo para ir a trabajar en las mañanas; este chico es un chico de «toque».

Pero Trent siempre ha sido muy no físico, especialmente cuando era más pequeño. No podía abrazar, si uno trataba de abrazarlo, era como si estuviese abrazando a una estatua de cartón: lo abrazaba y él ni siquiera ponía sus brazos alrededor de uno.

Se pueden cambiar esas características innatas, hasta cierto punto. Cuando Trent era más pequeño, yo me dije: *Voy a enseñarle a este chico cómo tener interacción táctil, cómo tocar,* así que me esforcé mucho para acariciarle la espalda, hacerle cosquillas, pasar mi mano por su cabello, darle un abrazo cada mañana al levantarse, era todo un proceso; no mucho tiempo después, él era el iniciador, venía y me abrazaba.

Pero, aunque uno puede cambiar a sus hijos, y hacer que algunas características sean más equilibradas, no se les puede cambiar del todo, ellos son quienes son. Las reglas y pautas que les imponemos como padres deben servir para guiarlos, no para cambiarlos. La manera en que son sus hijos es lo que dicta cómo los debe criar; cómo los cría no debe dictar quiénes son ellos.

Es tan importante que usted sepa quién es su hijo, si no, usted se va a perder muchas cosas. Esas pistas son muy importantes para entablar lazos con ese hijo, para criarlo y para amarlo. Es como una pista de migajas que el Señor ha puesto justo delante usted; cuando vea esas migajas, es importante que haga algo con ellas, reconózcalas. Una vez que usted conoce a sus hijos, podrá lanzarse al mundo verdadero de la crianza, podrá sacar esas herramientas: los hábitos que ha fomentado, las habilidades que ha creado, los pequeños trucos de crianza, para instruir a sus hijos e hijas para que lleguen a ser los grandes hombres y mujeres que usted sabe que ellos son.

Nuestra primera herramienta se conecta naturalmente con el conocimiento de quiénes son sus hijos, pero puede ser una de las más difíciles de usar.

1. Únase a su mundo

Parte de saber quiénes son sus hijos es saber qué es lo que les gusta hacer. Pienso que es importante que cada vez que pueda trate de ver sus intereses y pasiones a través de los ojos de sus hijos, métase en sus fiestas, únase a su diversión, tal como usted ha querido que ellos se unan a la suya.

¿Qué padre no ha querido introducir a sus hijos a su pasatiempo favorito? Si trabajamos en carros, de seguro que les vamos a dar a nuestros hijos e hijas un juego de herramientas para mecánico en la Navidad; si nos encanta cocinar, los llevamos a la cocina y les dejamos lamer la masa de los batidores; si nos encanta la pesca, los llevamos de pesca; si nos encanta el golf, llevamos a nuestros hijos a jugar golf. Muchos de nosotros, cristianos, somos tímidos para compartir el evangelio, pero cuando se trata de pasar nuestros pasatiempos y pasiones, somos evangelistas de primera categoría.

Pero de la misma manera que nos gusta compartir nuestros intereses con otras personas, especialmente con nuestros hijos, nuestros hijos quieren compartir con nosotros sus intereses, intereses, que dicho sea de paso, pueden haber desarrollado totalmente por sí solos, sin usted; lo cual quiere de decir que nosotros, los padres, tenemos que salir de nuestras zonas de comodidad, lanzarnos a algo en lo que no somos tan buenos (o ni siquiera nos gusta particularmente), y tratar de ver qué es lo que nuestros hijos disfrutan.

No es fácil.

A muchos de mis amigos les encantan los deportes, el fútbol, el baloncesto, el béisbol, todo tal como a mí; ellos comenzaron como atletas hasta convertirse en fanáticos, pero por alguna razón, algunos de los hijos de mis amigos no heredaron el gen del deporte, no les interesa en absoluto.

Eso hace que me sienta muy bendecido, porque mis hijos comparten esa pasión conmigo. Les gusta jugar y ver fútbol, como a su papá; a todos nos encanta hacer senderismo, y también acampar. Tenemos mucho en común, aunque también tenemos muchas diferencias.

Por ejemplo, a Trent le encanta mucho el arte, hace unos bocetos fantásticos y unos dibujos con carbón, que a mi parecer son buenísimos. Su ojo para el detalle es increíble; honestamente, no es una habilidad que yo hubiese *querido* tener. Aunque me gusta un buen cuadro, como a cualquier otra persona, no tengo el ojo o el deseo por el arte, Trent sí;

tomé una clase de apreciación de arte en la escuela secundaria, pero solo porque tuve que hacerlo.

Verdaderamente he tratado de entrar en el mundo de Trent, de ser más consciente de su pasión y de mostrar interés en ello; honestamente, aún estoy tratando de aprender cómo hacerlo, cómo puedo salir de mi mundo y entrar más en el suyo. Es un proceso, como todo lo demás. Lo he observado cuando trabaja, aunque no comparto su pasión, estoy aprendiendo a apreciar más su talento.

Y como a todos los muchachos de su edad, a Trent y a Troy les encantan los juegos de video. ¿A mí?, no tanto. Puedo tirar una pelota, pero hacer que un montón de pixeles tiren una, eso es otra cosa. No soy un buen jugador, y si no fuese por mis hijos, nunca hubiese agarrado un controlador de juego en mi edad adulta, pero por estos días lo estoy agarrando con más frecuencia, tirando una bola de boliche de Wii en la pista o chillando alrededor de una pista de carrera de Xbox con Trent y Troy. Resulta que pasamos un buen tiempo jugando esos juegos, aunque esa no hubiese sido mi elección. Nos reímos mucho, aun si parte de esa risa es por mí.

2. Hablando de la risa...

Ya hemos hablado de la importancia de la risa en mi juventud, pero creo que vale la pena mencionarlo aquí. Creo que es indispensable encontrar cosas que usted y su familia puedan disfrutar juntos, cosas de las que se puedan reír. Esas risitas inofensivas pueden ser esenciales al crear lazos de por vida con sus hijos, recuerdos gratos que pueda compartir con ellos para siempre. La risa es un instrumento para crear un espacio seguro, un tema de suma importancia que ya hemos tratado, pero lo volveremos a tratar una y otra vez. Eso no quiere decir que todos los padres tengan que ser comediantes, pero a todos nos gusta reír, y todos debemos tener cosas en nuestras vidas que nos hagan reír.

A veces cuando todos estamos en el carro, los cuatro comenzamos a reírnos de algo que vemos o decimos, y no podemos parar. Todos reímos y reímos, y pronto nos encontramos riéndonos de la risa de otros. Tiene su propio impulso, su propia espontaneidad encantadora.

Cuando nos reímos, nos sentimos de lo mejor, es nuestro mejor momento; creo que mis hijos dirían lo mismo.

Pero es importante que la risa sea una risa sana, porque, aunque el sentido humor puede ayudar a sanar las heridas de la vida, a veces puede ser el causante de las heridas. El sentido del humor puede ser una herramienta cruel y cortante. En muchas familias, el sentido del humor no une a los padres con sus hijos tanto como los separa.

A veces yo soy culpable en esta área, puedo ser sarcástico y cortante, muchos padres pueden ser así. Ridiculizamos a nuestros hijos, los menospreciamos, nos burlamos de su apariencia, o de sus notas, o su ética de trabajo. A veces estamos tratando de decir algo importante, queremos avergonzarlos por alguna razón, o a veces simplemente pensamos que somos graciosos.

Y quizás sí, después de todo, vemos este tipo de agudeza todo el tiempo en la televisión, ¿no?; vemos los comentarios agudos, las respuestas rápidas y sarcásticas, y la ridiculización asesina. La industria del entretenimiento nos enseña a involucrarnos en cierto tipo de humor malintencionado, así que cuando tratamos de usarlo en nuestras propias vidas, aun con nuestros hijos, puede parecer gracioso, quizás todos nos podamos reír. ¿Oyeron lo que papá le dijo a Johnny a la hora de la comida? Mientras que el pequeño Johnny está sufriendo, el pequeño en ese momento quisiera estar en otro lugar, menos con mamá y papá. De repente, el hogar ya no es un lugar seguro, y esa es la espada de dos filos del sentido de humor. Cuando se usa correctamente, puede hacer que se sienta que el hogar es un lugar seguro; cuando se usa para denigrar, nos hace sentir lo opuesto.

3. Traten a los demás...

Para mi mamá no era gran cosa ni los cuartos limpios ni el tiempo que pasábamos mirando TV. No se enfocó en una cantidad enorme de normas o reglas de casa. Había una sola regla en la que ella insistía, la regla de oro: «Traten ustedes a los demás tal y como quieren que ellos los traten a ustedes» (Mateo 7.12).

No recuerdo que mi mamá me disciplinase alguna vez por no dejar las cosas limpias, por llegar a la casa con malas notas, por garabatear en la pared, o por alguna otra cosa. Yo me portaba bien de todos modos, pero si no me portaba bien en algunas de esas cosas, no recuerdo que me haya castigado. ¿Y si yo le respondía mal a alguien, o le faltaba el respeto?, esa era una historia totalmente diferente. Para ella, tener buenos modales y tratar a las personas con respeto era sumamente importante, se nos iba encima.

Pienso que en parte se debía a su crianza católica. Ella no era una mujer religiosa, y no íbamos a la iglesia, pero sabía lo que se necesitaba para ser una buena persona, y su virtud principal tenía que ver con la forma de tratar a las personas. Para ella la regla de oro era la regla de dónde provenían las otras reglas, las que eran dignas de seguir, en todo caso. Al enseñarnos cómo tratar a la gente, ella pensaba que lo demás caería en su lugar.

Las únicas veces que mi mamá se molestó conmigo, que estuvo *bien* molesta, fueron cuando yo era grosero con alguien. Una vez, me da vergüenza admitirlo, le pegué a una señora, pensando que era mi mamá. Pensé que había perdido a mi mamá en el supermercado, y cuando la vi, o a quien yo pensaba que era ella, todo ese temor y cólera por haber estado perdido se juntaron dentro de mí, y le pegué duro a esa extraña. Cuando mi mamá se enteró, se horrorizó, y me obligó a disculparme en persona. No importaba que hubiera sido un accidente, o que la atacara porque estaba asustadísimo. *No se maltrata a la gente*, nos enseñó; y *nunca, nunca se le pega a la gente, no importa lo que haya pasado*. Hasta el día de hoy recuerdo la vergüenza que sentí cuando tuve que ir a pedirle perdón a esa señora y decirle que lo sentía mucho. Mi mamá hizo lo correcto.

Y eso es lo que ella siempre hacía en esas situaciones; si rompíamos la regla de oro, ella se aseguraba de que tomásemos responsabilidad por nuestros actos. Lo interesante es que en muchas formas yo era bien engreído, siempre fui el bebé de la familia, el niñito que siempre se portaba bien, excepto cuando no lo hacía. Y cuando yo hería a alguien, me hacía admitirlo, tenía que ir y pedirle perdón a la persona que había herido. Ella nunca se disculpó de mi parte, nunca se echó la culpa por mí, nunca quitó la responsabilidad de mis hombros, sin importar cuál fuera mi edad. Nunca se puso en la brecha por mí, nunca hizo una llamada por mí, me obligaba a hacerlo.

Muchos expertos en crianza de los hijos mirarían a mi mamá, y podrían señalar todas las cosas que ella hizo mal o que hubiese podido hacer mejor; pero en esta área, el enseñarnos la regla de oro y asegurarse de que la siguiésemos, mi mamá había hecho lo correcto. Después de todo, la regla de oro, no se refiere solo a tratar a las personas con amabilidad, aunque por supuesto eso está incluido; la regla de oro nos muestra la marcada diferencia entre cómo *deberían* funcionar las cosas, y cómo por causa de nuestro propio egoísmo no funcionan así.

Se da cuenta, la mayoría de las veces no queremos seguir la regla, como yo en ese supermercado; a veces queremos atacar a la gente, queremos actuar de manera egoísta, queremos dar rienda suelta a nuestra ira, queremos castigar. Algo dentro de nosotros nos susurra: *si puedo hacer que esa persona se sienta peor, yo me voy a sentir bien.* Y a veces, ya sea que somos el hijo o el padre, prestamos atención a ese susurro y le hacemos caso.

La regla de oro, sea que lo reconozcamos o no, en realidad es una expresión de un ideal cristiano profundo y difícil: morir a nosotros mismos, vivir un poquito por otros, ser un poquito el reflejo de Jesús en lo que decimos y hacemos.

Si usted enseña la regla de oro, si usted les enseña a sus hijos cómo mirar sus propios corazones, para ayudarles a ver sus propias debilidades, su propia depravación, su propia pecaminosidad, de forma amorosa y saludable, creo que ha logrado algo grande como padre. Si usted y sus hijos pueden dominar este fundamento, lo demás *cae* en su lugar. Cuando usted puede tomar las decisiones correctas en cuanto a cómo interactuar y cómo responderles a las personas, esa es una lección clave que pagará dividendos por el resto de su vida, física, emocional y espiritualmente. Mi mamá nos preguntaba: ¿cómo están tratando a las personas? ¿Cómo están tratando a sus amigos? ¿Cómo se están dirigiendo a esa señora? ¿Cómo le están *respondiendo a ese señor? ¿Les gustaría que los traten así?*

Y si esa no era la forma en que nos gustaría que nos tratasen, ella se aseguraba de que lo supiésemos.

4. Sea consistente

La creencia de mi mamá en la regla de oro nunca varió, y cuando la rompíamos, sabíamos que habría consecuencias; creo que esa también es una buena lección. Aunque no creo que las familias necesitan una lista larga de reglas para su buen funcionamiento, es importante que sean cuales sean las reglas que tiene su familia se apliquen consistentemente.

Mientras que mi mamá era bastante consistente, los hombres en mi vida no lo eran. Mi padre biológico era muy errático debido a su alcoholismo. Las adicciones pueden desgarrar a una familia en muchas formas, pero daña muchísimo la consistencia. Una noche mi papá podía ser un alma encantadora, generosa y amable, y la próxima estaba amenazando a mi mamá y dándole de golpes a mi hermano mayor. Daba miedo pasar tiempo con él porque uno nunca sabía exactamente lo que iba a hacer. Aunque a mí nunca me pegó, mis hermanos y hermanas siempre sentían que tenían que estar superconscientes de todo lo que estaba en su campo visual, teniendo cuidado de cualquier cosa mínima que pudiese enfurecerlo; y la disciplina que desataba dependía de cómo se estaba sintiendo en ese mismo momento.

Hank era un poquito más consistente, pero no mucho. No bebía como mi papá, pero tenía un genio que estallaba con la menor cosa, y a veces sus castigos, que en la mejor de las circunstancias eran duros, podían convertirse en una rabia incontrolable. Una tarde, rompí una ventana de casualidad jugando frisbi; mi hermana, Kim, asumió la culpa. Hank la persiguió como un demonio, gritándole maldiciones (y ella le respondía), la persiguió vueltas y vueltas por el jardín hasta que ella corrió a la calle, y literalmene huyó; no la vi por un año.

El doctor Tim Elmore me dijo en uno de los programas: «Cuantas más señales de inconsistencia mandemos, más inseguridad crearemos en un hijo». Si trabajamos para ganarnos la vida, sabemos lo importante que es tener un jefe consistente; aunque se comporte como un oso, uno puede trabajar con él si uno sabe cuál es su posición, y lo que es importante para él. Es igual de importante si eres un padre, dice Tim; después de todo, tu hijo no puede darte una carta de renuncia si está molesto contigo. «No creo que sea tan importante si usted es muy estricto o no, simplemente sea consistente», dice Tim. «No cambie, para que ellos sepan qué esperar».

Tim reconoce que no podemos ser totalmente consistentes todo el tiempo, a veces tenemos días malos, y tomamos decisiones incorrectas cuando las cosas se ponen difíciles. Vamos a fallar en esto como en todo lo demás; pero cuanto más consistentes seamos, mejor les irá a nuestros hijos, y nuestra vida en el hogar se sentirá más tranquila.

5. Sea el modelo de lo que quiere ver

Augustín, «Augie» Martínez, entró al Cuerpo de Marines de Estados Unidos a la edad de dieciocho años, se casó con el amor de su vida a los veintiuno, y se convirtió en papá a los veintitrés. Su hijo era un niño inteligente, intuitivo, que amaba mucho a su papi. Poco después, este bebé que estaba aprendiendo a caminar comenzó a tratar de imitar a Augie en todo, ¿halagador? Sí. ¿Bueno? No siempre.

«Comenzó a maldecir como yo», nos contó Martínez en una carta que mandó a Focus on the Family. «Un día, en la casa de mis suegros, Augie junior soltó unas cuantas obscenidades delante de mi suegra. Mi suegro es pastor y mi suegra es una mujer muy piadosa. Ese fue el momento en el que me di cuenta de lo que yo estaba haciendo, y eso cayó sobre mí como un terror ominoso».

Augie Martínez no es el único padre que se haya sentido culpable accidentalmente por un niño con oídos finos. He trabajado con buenas madres y padres en Focus on the Family, buenas madres y padres *cristianos,* que camino a la escuela preescolar, en momentos de exasperación, han soltado una o dos malas palabras, y luego han escuchado desde el asiento posterior la repetición de las mismas palabras como un eco, o peor aún, reciben una llamada de la maestra de la escuela preescolar describiendo el tipo de lenguaje que la pequeña Susi le ha estado enseñando a sus compañeritos. Sus hijos, especialmente cuando son muy pequeños, van a usted para aprender cómo interactuar con el gran mundo a su alrededor. Algunos estudios de investigación han descubierto que aun cuando un bebé tiene dos o tres semanas de nacido ya comienza a imitar a sus padres;[1] cuando uno les sonríe, a menudo nos devuelven la sonrisa, como un espejito lindo; si uno actúa como que está molesto, puede que ellos lloren también; antes de que comiencen a caminar o hablar, antes de que ellos puedan gatear o levantar la cabeza, ya están aprendiendo algo, ya están observando.

A medida que el chico crece, también aumenta la manera en que imita su comportamiento. Quizás agarre un plátano y se lo ponga al oído, y comience a hablarle, porque nos ha visto hacer lo mismo con nuestros teléfonos; quizás agarre un bloque de madera y lo sujete frente al televisor, tal como ha visto que papá lo ha hecho cientos de veces; quizás nos haga reír cuando oigamos una frase típica de nuestro cónyuge que sale de los labios de nuestra hija; o nos quedemos despavoridos cuando, como el pequeño Augie Martínez, escuchamos que nuestro hijo maldice como nosotros. Los padres son los ídolos de los chicos, y esa adoración dura por años; ellos quieren ser como mamá y papá.

Si nuestros hijos quieren ser como nosotros, ¿no deberíamos modelar un comportamiento que nos haga dignos de su devoción? ¿No deberíamos ser los mejores ejemplos que podamos ser?

Aun cuando nuestros hijos no copian conscientemente cada palabra, acción o gesto, deberíamos recordar siempre que ellos aún están observando; ellos aún están aprendiendo de nosotros; y cuando lleguen a cierta edad, estarán esperando que cometamos algún error. Los adolescentes son muy sensibles a la hipocresía; si ven que sus padres predican algo y luego hacen otra cosa totalmente diferente, les aseguro, que ellos se darán cuenta. Aun si ellos no se lo sacan en cara, lo habrán notado, y su credibilidad como padre sufrirá por ello.

6. Use su tiempo sabiamente

Quizás usted piense que es un poco raro que yo hable acerca del tiempo como algo fundamental para edificar una familia saludable, dado el poquito tiempo que yo tuve con mi madre; pero si usted mira a todos los puntos que he delineado en este capítulo, el tiempo es de suma importancia para todos ellos.

Usted no puede conocer a sus hijos, sus fortalezas y debilidades, sus intereses y sus pasiones, si no toma el tiempo para llegar a conocerlos; usted no puede modelar un buen comportamiento si nunca está presente. Usted les muestra la importancia de la regla de oro demostrándoles cómo se pone en práctica, guiándoles en situaciones sociales; les enseña cómo reír riendo con ellos.

Cada lección que enseñamos toma tiempo; todo recuerdo que creamos toma tiempo. Tenemos que estar con nuestros hijos en el diamante de béisbol o en la cocina, en la mesa de estudio o delante de la TV. ¿Por qué los expertos en crianza de hijos afirman constantemente la importancia de sentarse juntos a la mesa para comer en familia? Por el tiempo que pasamos juntos en la mesa, tiempo en conversación, en risa y tiempo de estar unos con otros.

El tiempo es la moneda de una familia, cómo lo use muestra qué es lo que usted valora, y a quién valora.

Sus hijos se dan cuenta de ese sentido de valor, y aunque es bueno pasar tiempo con toda la familia, es bueno pasar tiempo con cada hijo individualmente también; pero no siempre es fácil, y no es algo que la familia Daly haga bien.

Uno de los retos que los padres tienen cuando todos sus hijos son del mismo género y hay poca diferencia de edad entre ellos, o como en mi familia, las dos cosas, es que su tiempo en familia muchas veces es en paquete. Hacen las cosas juntos: van al partido de béisbol juntos, van a jugar boliche juntos, y van a comer pizza juntos. Aun cuando a ustedes les guste pasar tiempo juntos, al igual que nosotros, para los chicos es un deleite pasar tiempo a solas con sus mamás o sus papás también. Es un poco más natural dividir el tiempo cuando tiene un hijo o una hija. «Hoy tengo una cita con mi hija», puede decir usted como papá, y su hijo va a entender, él sabe que probablemente usted lo llevará a él al juego de fútbol el siguiente fin de semana. Pero cuando uno tiene dos hijos casi de la misma edad, como yo, se hace más difícil dividir el tiempo.

Recientemente, cuando les dije que iba a comenzar a pasar un poquito más de tiempo con cada uno de ellos individualmente, pude ver su emoción. Me hicieron ver que realmente quieren tiempo uno a uno conmigo.

Porque, si en realidad el tiempo es la moneda de la familia, pasar tiempo *a solas* con sus hijos los hace sentir valorados, importantes y amados.

He comenzado a esforzarme para hacer cosas individualmente con los chicos, y espero poder hacer más, quizás jugar golf con ellos uno a uno, montar cuatrimotos o ir a pescar. En lo que respecta a pasar tiempo uno a uno, no importa lo que hagamos, porque lo más importante es el tiempo que pasamos con ellos. Parece que Trent se abre más cuando pasamos tiempo juntos: tiene más que decir, es menos cohibido, y valora ese tiempo uno a uno; algunas de nuestras mejores conversaciones se han dado cuando hemos estado solos, él y yo, sentados juntos tarde en la noche, o yendo a algún lugar.

Pero hay una trampa: aunque es importante la cantidad de tiempo que uno pasa con su familia, hay padres que pasan cantidad de tiempo con sus hijos y nunca les transmiten las cosas correctas. El tiempo que pasemos con los chicos tiene que ser tiempo *bien invertido*, lleno de amor y risa, aceptación y perdón. Si los padres pasan su tiempo de «calidad» avergonzando a sus hijos, juzgándolos y menospreciándolos, puede ser más dañino que bueno. Si pasan su tiempo con sus hijos en un lugar de total y violenta severidad, ese tiempo es tiempo perdido o peor que eso, cada minuto se sentirá como una hora, y una semana parecerá toda una vida; los recuerdos creados pueden ser malos, amargos, y dignos de olvidar.

Esta es la honesta verdad: si esa es su situación, es posible que usted esté pasando *mucho* tiempo con sus hijos; es mejor que sus hijos se queden con las ganas de tener más tiempo con usted a que deseen tener menos tiempo con usted.

Aun mejor, salga de esa situación. Haga que el tiempo sea valioso para todos los que están involucrados, haga que las horas que usted pasa con sus hijos pasen volando en lugar de que sean horas interminables. El tiempo es la mejor moneda que tenemos, porque nunca ninguno de nosotros tenemos lo suficiente; en quién lo gastamos o cómo lo gastamos, dice mucho de lo que realmente valoramos.

Estas fueron las palabras al inicio de una carta que nos enviaron a Focus on the Family: «No fui un buen padre». El autor de la carta escribió de cómo había trabajado como un ejecutivo muy poderoso, «adicto» al trabajo y negligente con su familia. Se había trasladado siete veces en once años, pasando una cantidad de tiempo, que iba en aumento, fuera del hogar, aun cuando sabía que su hogar se estaba desmoronando lentamente.

Un amigo suyo lo introdujo a los programas cotidianos de Focus on the Family, y él comenzó a escuchar. Él le da crédito a nuestra organización por provocar un cambio en su corazón. Yo sé que eso fue algo que Dios hizo, más que nosotros; este señor decidió que su vida necesitaba reparación, tenía que pasar su tiempo valioso con su valiosa familia.

«Renuncié a mi trabajo, mudé nuestro hogar a Washington, y comencé una carrera nueva con límites estrictos para proteger a nuestra familia», escribió. «Les he dedicado cada fin de semana a mis muchachos, y he comenzado a invertir en mi matrimonio como nunca antes, planeando cosas para mi esposa, mostrándole que he estado pensando en ella. De hecho, no soy el esposo perfecto, pero la vida en nuestra familia es mucho más como debería ser».

Hay que tener agallas para cambiar su vida drásticamente. Yo creo que es posible tener las dos cosas: una carrera exigente y una familia feliz y saludable, pero cuando ponemos a nuestros hijos en segundo plano en relación con nuestras carreras o las demandas exteriores, hay un costo. Es muy raro que las mamás y los papás valientes que les dan un vuelco a sus carreras por el bien de sus hijos lamenten haberlo hecho.

El tiempo es de suma importancia para una familia saludable y que marcha bien; este apoya a varios de los otros fundamentos, por lo que puede ser visto como el fundamento más importante de todos. Sea que tengamos mucho tiempo para invertir, o solo unos minutos al día, debemos usarlo sabiamente.

Y en mi opinión, no hay mejor uso de nuestro tiempo que usarlo en conversación.

7. Converse

A veces me pregunto cuántos padres conversan con sus hijos. Seguro, les hablamos *a* ellos bastante, les decimos qué hacer y cómo comportarse.

Sugerimos, engatusamos, demandamos, y como los pastores en el púlpito, predicamos. ¿Pero cuán a menudo les prestamos *atención* a nuestros hijos? Queremos darles tanto a nuestros hijos: nuestra experiencia, nuestra perspectiva, y nuestro entendimiento de cómo se deben hacer las cosas. Pero a veces nos olvidamos de que nuestros hijos quieren darnos su perspectiva también, necesitan hacerlo. Son más que esponjas listas para absorber lo que queramos derramar en su camino; son personas, como sus padres, que están tratando con muchos de sus propias asuntos, y si nosotros realmente queremos ayudarlos, debemos hacer algo más que hablar, debemos escucharlos, realmente prestarles atención.

Una mamá y su hijo, que estaba por convertirse pronto en un adolescente, a quienes llamaremos Maddie y Justin, estaban comprando algunas cosas para la fiesta de cumpleaños y pijamada de Justin; después de haber llenado el coche de compras con toda la comida chatarra que uno pudiese cargar («uno solo tiene una fiesta de cumpleaños y pijamada cuando cumples trece años una sola vez, ¿verdad?», dice Maddie), subieron al carro y prendieron la radio; había un programa de Focus on the Family. «Escuché que el orador dijo algo acerca de que los padres quieren que sus hijos de trece a quince años les presten atención, pero ellos también quieren que nosotros les prestemos atención, que los escuchemos».

Maddie apagó la radio, porque pensaba que lo último que Justin quería escuchar era un programa radial cristiano, pero para su sorpresa, Justin prendió la radio de nuevo. Escucharon el programa todo el camino de vuelta a la casa, y cuando estaban llegando a la entrada de la casa, Justin se volteó repentinamente hacia su mamá.

«Mamá, así es como yo me siento a veces, siento que quiero que me prestes atención de verdad, que realmente me escuches; como, cuando estamos en una discusión, así es como me siento, quiero que me tomes en serio», le dijo él.

Maddie dice que la conversación que tuvieron a continuación fue «breve pero maravillosa».

Tanto madre como hijo llegaron a un nuevo entendimiento. Maddie prometió que ella trataría de prestarle atención, y que le hablaría en forma que él supiese que le estaba prestando atención, que ella escucharía su lado de la historia, que ella trataría a Justin como una persona normal, aun si esa persona normal estuviese castigada después de la conversación.

«Creo que mi hijo y yo tenemos una buena relación», le escribió ella después a Focus on the Family, «pero este asunto de la adolescencia es difícil, para ambos».

Maddie tiene razón, este «asunto de la adolescencia» es difícil. A veces puede parecer imposible; pero las cosas están de lo mejor con mis dos hijos adolescentes cuando conversamos, cuando prestamos atención, cuando nos involucramos el uno con el otro.

Esta es otra área en la cual otros fundamentos tienen un rol: uno tiene que tomar *tiempo* para entablar una conversación, uno tiene que *conocer* a sus hijos. Los hijos, especialmente los adolescentes, no quieren hablar de sus sentimientos; así que cuando lo hacen uno tiene que estar listo para aprovechar esos momentos.

Trent tiene la tendencia de ponerse muy hablador tarde por la noche. Cuando el reloj marca las diez u once de la noche, y a mí se me están cerrando los ojos, Trent de repente se vuelve muy conversador, comienza a hablar de sus sentimientos, sus sueños y sus deseos, y aun cuando estoy tan cansado, pienso: ¡esto es fantástico, una conversación real con mi hijo! Hace unas cuantas noches, Trent y yo hablamos abiertamente por cuarenta y cinco minutos, hablamos de sus notas, con las cuales él ha estado batallando, pero yo no estaba molesto, y él no estaba a la defensiva. Me esforcé mucho por hacer que nuestra conversación fuese constructiva, *no instructiva*, y gran parte de crear la atmósfera correcta para que haya una conversación real con nuestros hijos es estar dispuestos a escuchar. A estas alturas ya sabíamos cuál era la situación, ambos sabíamos que el hacer su tarea y mantener buenas notas en la escuela eran dos cosas muy importantes para Jean y para mí. Pero si yo le gritaba, no significaría que Trent de repente se dijera: *Guau, creo que papá de veras se preocupa por estas cosas, creo que de ahora en adelante voy a esforzarme más*. No importa qué tan alto uno grite, no vamos a lograr que de repente todos nuestros grandes consejos se filtren en sus cerebros y los apliquen perfectamente. No, cuanto más tiempo tengo de padre, más me convenzo de que la tendencia es que esto funcione de la manera opuesta. En ocasiones, uno puede ser más convincente, estar en la cima del poder como padre, cuando uno no dice nada sino escucha. Y cuando *sí* habla, les habla a sus hijos como que son parte de las personas más importantes en su vida.

Y eso debe ser fácil, porque lo son.

A mí me encanta evangelizar; creo que dentro de mí eso es lo que soy, un evangelista. Me encanta entablar conversación con personas que no conocen al Señor, aun si son totalmente hostiles al concepto de Dios. Esto puede sonar raro, pero siento la paz verdadera de Dios en esos momentos. No me pongo emotivo, no me pongo a la defensiva, y no se me pone roja la cara; aun cuando la gente me ataca en ese ambiente, no me molesta particularmente. En esos momentos, me esfuerzo lo más que puedo para reflejar lo que yo imagino que es Jesús: amable, paciente, amoroso, firme y lleno de gracia. Trato de prestar atención, y cuando hablo, trato de pensar en cómo estoy hablando y a quién le estoy hablando; tengo que añadir que no siempre lo hago perfectamente.

Uno no pensaría que la crianza de los hijos y el evangelismo tendrían algo en común; pero a medida que escribo, me pregunto si ambos tienen similitudes.

En cierta forma, quizás estemos evangelizando a nuestros hijos, no para el reino de Dios (aunque por supuesto también lo estamos haciendo), sino para el mundo de la edad adulta responsable. Queremos amarlos, queremos salvarlos, queremos prepararlos para los retos que vienen por delante, y mostrarles la belleza que está por delante de ellos.

Así que, desde esa perspectiva, ¿cómo es la crianza de los hijos? Es paciente, es amable, es generosa en espíritu, es todas esas cosas.

De modo que, cuando entro en una conversación con mis hijos, y cuando estoy en mi mejor momento, pienso y actúo como un evangelista. Me pongo tranquilo, hago preguntas y presto atención a las respuestas; en cierta forma, trato de ganar sus corazones.

Pero déjeme enfatizar que esas conversaciones no se dan porque uno las quiere tener, no pueden ser forzadas. Una noche, Trent me habla hasta el cansancio, y a la noche siguiente la conversación es algo así...

«¿Cómo estás?».

«Bien».

«¿Qué hiciste hoy?».

«Nada».

Una noche la conversación fluye y a la noche siguiente es totalmente difícil. En el caso de Trent, tiene que ver con el estrés, cuando está cargado, se pone callado, y uno no puede hacer nada para sacarle las palabras. Uno no puede esperar tener grandes conversaciones todo el tiempo, al igual que uno no puede esperar ser un padre perfecto; así que, no lo fuerce.

A no ser que sea necesario por supuesto, porque a veces uno *tiene* que forzar las conversaciones; uno tiene que confrontar un problema o abordar un tema que no puede esperar. Aun cuando las palabras no salen con facilidad, cuando usted y su hijo preferirían estar en otro lugar, esas pueden ser las palabras más importantes que puedan compartir.

7a... Aun cuando sea difícil

Uno de los compañeros de clase de Trent se suicidó este año; era jugador del equipo de fútbol, Trent practicaba con él todos los días. Recibimos una nota de la escuela en la que nos pedían que habláramos con nuestro hijo al respecto; la carta decía que teníamos que asegurarnos de que nuestros hijos estuviesen bien, y si no, la escuela ofrecía consejería gratis.

Pero es difícil hablar con su hijo acerca del suicidio; para muchos padres hablar del tema es un poco incómodo, incluso indiscreto. Yo tengo una buena relación con mis muchachos, pero tampoco me fue fácil, le pregunté a Trent cómo estaba. ¿Qué tan bien conocías al chico? ¿Cómo estás *tratando con su muerte?* Le di vueltas muy de cerca a la pregunta más seria y más difícil de todas: ¿Su muerte te hizo pensar en el suicidio también?

«Estoy bien», fue su respuesta. «No me siento afectado, no sé por qué lo hizo, y es triste que lo haya hecho, pero yo nunca haría algo así».

Me dijo todas las cosas que yo quería oír, las cosas que hacen que un papá respire con alivio.

Esa misma conversación se repitió en muchos hogares por todo el distrito escolar esa noche; es casi seguro que muchos padres escucharon el mismo tipo de respuestas: «Estoy bien, es triste, yo nunca haría algo así».

Eso es lo que esperamos oír, por eso hay la tentación de no empezar la conversación, y de cerrarla antes de hablar una sola palabra. Algunos padres quizás se digan a sí mismos: *Mi hijo está bien, está actuando como de costumbre, no hay necesidad de hablar del tema, no hay necesidad de incomodarnos.*

Pero algunos padres recibieron respuestas muy diferentes y muy difíciles.

Un amigo mío habló con su propio hijo, un compañero de clase de Trent, y miembro del equipo de fútbol, acerca del suicidio esa noche. Su conversación probablemente comenzó como la mía: «¿Lo conocías bien?». «¿Estás bien?». Quizás él pensó que sabía lo que su hijo iba a decir antes de que lo dijiese, quizás pensó que su hijo le iba a decir, como dijo Trent: «Estoy bien».

Pero su hijo no le dijo eso, sino le dijo lo siguiente: «Papá, tienes que dejar de viajar, no estás en la casa lo suficiente para mí».

No estás en la casa lo suficiente para mí, tienes que estar en la casa, te necesito. Palabras habladas en el contexto del suicidio de un compañero de clase.

Felicitaciones a este papá que renunció a su trabajo y buscó otro que no requería que viajase tanto, así de simple; ahora pasa más tiempo con las personas que más valora.

Su experiencia me toca profundamente. ¿Cuántos padres nunca habrían tenido esta conversación difícil con sus hijos e hijas porque asumieron que sus hijos estaban bien? ¿Cuántos hijos anhelan poder decirles a sus padres algo difícil, algo importante? *No estoy bien, estoy sufriendo, te necesito, ayúdame.*

¿Y cuántos hijos les dijeron a sus padres exactamente lo que ellos querían oír? ¿Cuántos hijos habrían dado las respuestas correctas... pero no era lo que sentían? Como padres protegemos a nuestros hijos de las verdades incómodas todo el tiempo; a veces nuestros hijos hacen lo mismo con nosotros.

Después de oír la historia de mi amigo, comencé a pensar en la respuesta de Trent, y en como él me dijo lo que yo hubiese dicho a su edad: «Estoy bien», hubiese dicho, aun si no estaba bien. Aunque me fue muy incómodo, volví a tocar el tema.

«Trent, ¿estás seguro de que estás bien?», le pregunté.

Pude ver que se irritó: «Sí papá», me dijo, «no estoy en esa posición, y tampoco lo voy a estar».

Le creo, pero al mismo tiempo, no estoy totalmente seguro; los adolescentes no siempre le dicen todo a sus padres. ¿Sé todo lo que debo saber? ¿Estoy haciendo todo lo que debo hacer?

Ese es el asunto con lo que llamamos los fundamentos: como todo lo demás en la crianza de los hijos, pueden frustrarnos por su ambigüedad. Aun cuando estamos consciente de ellos, cuando estamos haciendo las cosas lo mejor que podemos, siempre hay una pregunta irritante que quizás no la expresamos verbalmente, pero no está lejos de nuestros pensamientos. Conozco a mis hijos, pero... ¿los conozco lo suficiente? Paso tiempo con mis hijos, pero... *¿es el tiempo correcto?* Converso con mis hijos... *¿pero cómo puedo estar seguro de que estoy prestándole atención a lo que es realmente importante? ¿Estoy haciendo las preguntas correctas? ¿Estoy captando las señales correctas? ¿Habrá algo que estoy pasando por alto?*

Como dije al inicio, no hay un libro establecido de reglas de crianza de los hijos, no hay una lista que debemos seguir, no hay unas pautas que garanticen el éxito en la crianza de los hijos (o la devolución de su dinero). Ser padre es tener miles de preguntas que parecen que le jalan a uno hasta la última célula del cerebro, lo cual causa duda e incertidumbre. No hay padre que pueda dar respuestas a todas estas preguntas y poner de lado todos estos temores.

Quizás esta sea la razón por la cual el diseño de Dios es que tengamos dos padres en la familia.

Capítulo Cinco

POLOS OPUESTOS
SE ATRAEN
✦

Antes de tener hijos a quien amar, la mayoría de nosotros nos habíamos enamorado de alguien más; probablemente cimentamos nuestro amor y compromiso ante un pastor o un juez, prometimos amar y querer a nuestro cónyuge en las buenas y en las malas, en salud o enfermedad, hasta que la muerte nos separe.

Quizás debemos pensar en añadirle algo más a esos votos tradicionales; quizás debemos prometer amar y cuidar a nuestros cónyuges durante los años terribles de la infancia y la adolescencia, durante las prácticas de fútbol y las reuniones con los maestros, y las noches de fiesta de promoción. En algunas familias, los hijos pueden ser la goma que une a las familias, mientras que en otras pueden ser la palanca que los separe.

Permítame ser transparente con usted, a veces ese es el caso en mi familia. Jean y yo nos amamos muchísimo, amamos a nuestros dos hijos con todo nuestro ser; pero cuando ella y yo tenemos grandes desacuerdos, es generalmente en referencia a cómo tratar con los chicos.

Permítame darle un pequeño vistazo de cómo se podría ver la familia Daly durante un día de la semana, como a las 6:00 p.m.:

Llego a la casa, y Jean, quien es ama de casa, está ocupada con los quehaceres domésticos. Ni bien entro por la puerta, ella comienza a ponerme al tanto de los eventos del día y me da las órdenes para el resto;

ella quizás diría algo así: «Trent todavía tiene problemas con álgebra, tiene que estudiar más y no me está obedeciendo, tienes que hablar con él, y tienes que decirles a los chicos que tienen que limpiar sus cuartos esta noche». «Ah», añade, y me da un beso, «bienvenido a la casa».

Esos pequeños momentos de «bienvenida» me estresan, porque, y aunque sé que me puedo meter en problemas por ser tan honesto, no me importa tanto cómo están sus cuartos. Mi mamá nunca se preocupó mucho si yo había hecho mi cama o no. Nunca he estado en una entrevista de trabajo en la que el departamento de Recursos Humanos me haya dado una baja calificación por «insuficiente pulcritud hogareña». Y aunque me preocupo por la clase de álgebra como cualquier otro papá, no creo que sermonear a Trent le va ayudar mucho; es más, un sermón puede empeorar las cosas. Me parece que lo mejor que puedo hacer es ser lo más desenfadado posible y decir algo chistoso que haga que todos se relajen.

Pero para Jean, *las otras cosas son importantes*. Ella creció en una familia que animaba y esperaba que sus hijos sobresalieran, y las chicas especialmente lo hicieron de maravilla. Ella cree que las familias se construyen a base de respeto mutuo, y parte de ese respeto es obedecer las reglas de la familia: limpiar los cuartos, esforzarse y honrar a papá y mamá portándose lo mejor que sea posible. Y cuando a ella le parece que los chicos no se están esforzando, se los hace saber, a veces pidiéndome que sea *yo* el que les hable.

A mi parecer, Jean es un padre del Antiguo Testamento más que yo. Para ella las reglas son reglas, y no hay que romperlas nunca. Yo soy más como un tipo del Nuevo Testamento, uno que no solo tiende a pensar teniendo la gracia en mente, sino que depende de ella totalmente.

Así es como yo veo las cosas, pero Jean no. Ella tiene una perspectiva totalmente diferente; olvídese de ese asunto del Antiguo Testamento / Nuevo Testamento. Ella diría: «Jim es demasiado suave, y hace que mi trabajo sea más difícil, me fuerza a ser la mala de la película todo el tiempo, y eso de veras me cansa». Ella cree que tiene que compensar por mi debilidad, mi deseo de ser querido y ser un buen tipo; y ¿sabe qué?, hay mucho de cierto en ello.

Si estamos pensando en comprar un juego de video para los chicos, clasificado M, que se llama *Call of Duty*, por ejemplo, Jean podría decir que es muy violento, y, por lo tanto, inapropiado para la edad de nuestros muchachos; por otro lado, yo diría: «¡Eh, se ve divertido, hay que comprarlo!». Yo me frustro porque Jean no nos deja comprar nuestro juego, ella se frustra porque yo soy muy despreocupado, muy tolerante, y luego me pide que sea más responsable. Mi nivel de frustración se eleva más porque ella me está empujando hacia una posición en la cual yo no me siento cómodo en absoluto, y con la que yo no estoy de acuerdo. Aunque Jean y yo estamos de acuerdo en muchas áreas y nos esforzamos por presentar un frente unido ante los muchachos, a veces puede parecer como que estamos siguiendo manuales que tienen instrucciones que difieren totalmente entre sí, escritos en idiomas totalmente diferentes.

Jean y yo somos padres *muy* diferentes, somos *personas* muy diferentes.

A veces es fácil olvidarnos de que esas diferencias hacen que seamos tan buenos juntos. Yo creo que nuestras diferencias son la razón por la cual el Señor quería que estuviésemos juntos.

Se necesitan dos

La niñez de Jean fue sumamente diferente a la mía. Ella era de una familia bien unida y educada, no eran cristianos, pero aceptaban muchos de los valores cristianos, especialmente la unidad familiar. Iban de caza juntos, acampaban juntos, esquiaban juntos. En cierta forma, ese instinto por tener éxito refleja otra característica familiar: sobresalían juntos; pienso que se esperaba excelencia de ellos. Cuando ella llegó a mi vida, por los años ochenta, Jean había aceptado a Jesús como su Salvador, y ya había dado un salto astronómico camino a cumplir sus metas: estudiante de biología, asistente de un veterinario y amante de los animales, asistía a Cal State Fullerton con la mirada en llegar a ser una veterinaria. Jean no pierde el tiempo.

Ambos éramos chicos nacidos y criados en California, pero era como si hubiésemos nacido en polos opuestos del mundo. No nos hubiésemos conocido si no hubiera sido por el entrometimiento bien intencionado de unos amigos.

Un amigo mío, Dan, estaba saliendo con una chica, Tina, que había conocido a Jean en la escuela. Ellos pensaron que nos llevaríamos bien; Jean era una intelectual exitosa del hemisferio cerebral izquierdo, yo, por otro lado, un tipo del hemisferio cerebral derecho, despreocupado y espontáneo. Quizás nuestros amigos esperaban que si nos juntábamos tendríamos un cerebro completo.

No que eso iba a suceder alguna vez.

Ninguno de nosotros estaba saliendo con alguien en esos momentos. En la escuela secundaria, a pesar de mi fe cristiana, no tuve muchos límites, y aunque no era un chico loco, cuando se trataba de las chicas, dejaba los límites de lado; pero después de haber estado en Japón por motivos de estudio, decidí que tenía que ponerle un paro a todo eso, vi que no era saludable para mi vida espiritual.

¿Y Jean? Bueno, Jean era hermosa, todos los chicos querían estar con ella, y ella estaba cansada de lidiar con la presión de salir con alguien, y había decidido esperar por el compañero que Dios había escogido para ella. Por esta razón, a pesar de todos los esfuerzos de Dan y Tina, parecía que Jean y yo tomaríamos rumbos diferentes sin habernos visto nunca.

Las cosas les fueron mejor a Dan y Tina, ellos se comprometieron y fijaron fecha para su boda para junio de 1985. El miércoles, por la noche, antes de la boda, fui a un servicio en Lake Arrowhead Christian Fellowship, una iglesia que yo había visitado antes solo unas tres o cuatro veces; durante el tiempo de alabanza y adoración el pastor se me acercó y me dijo: «Tengo una palabra del Señor para tu vida».

Yo no estaba acostumbrado a eso, *seguro que sí*, pensé en forma sarcástica. Pero, por cortesía le pedí que me dijese la palabra.

El pastor me dijo que lo que él sentía que el Señor quería decirme era: «Yo ya he elegido a tu compañera, ella va a amar las cosas de Dios».

Bien.

La gente dice que yo debo haber estado buscando a mi futura esposa, pero eso no es cierto. ¿Sabe qué es lo primero que se me cruzó por la cabeza cuando él me dijo que Dios quería jugar a Cupido conmigo? ¿Qué locura es esta? y *Nunca voy a regresar a esta iglesia*. Recuerde que yo no estaba interesado en salir con alguien.

La boda de Dan y Tina fue tres días después. Fui sin pareja, y pasé gran parte de la recepción con mis amigos, pero mientras que la gente estaba comiendo torta y bailando al son de la banda, Dan se me acercó y me dijo: «Hay alguien a quien me gustaría presentarte» y me llevó hacia donde estaba Jean. Le pregunté si le gustaría bailar conmigo, y ella dijo que sí.

Bailamos una vez, y eso fue todo. Ella me dijo después de que se había sentido incómoda porque había ido a la boda con un amigo y no quería ignorarlo. Bailamos una vez, y luego ella se fue.

Yo volví lentamente a mi mesa y me senté junto a mi amigo Víctor. «Creo que esa es la mujer con quien me voy a casar», le dije.

¿Compatible?

Ese baile, con seguridad, captó mi interés. Jean no tenía la misma convicción, y cuando Dan y Tina, nuestros Cupidos eternos, nos animaron a vernos nuevamente, Jean trató de declinar.

Quizás sea para bien, pensé. De todos modos, yo ya había decidido no salir con nadie, pero por alguna razón Jean al final de cuentas cedió. Salimos en una cita doble no oficial con Dan y Tina; preparé un picnic y fuimos a un concierto de Amy Grant en el Pacific Anfitheater. A pesar del gran espectáculo, lo único que a mí me interesaba, lo único que llamaba mi atención, era Jean, parada a mi lado; era tan bella, tan encantadora, tan... todo.

Esa noche, por primera vez, Jean comenzó también a sentir que quizás yo era el elegido; de ahí en adelante hubo una conexión y comenzamos a salir juntos.

Por supuesto, las citas en sus inicios eran un poquito diferentes a lo que uno espera.

Ella era tan bella, y aún lo es, creo que la mayoría de los chicos con los que había salido estaban muy interesados en conocerla de *esa* manera. Como cristiana, Jean no quería nada de eso, y se había cansado de ese tipo de presión. Debido a mi pasado, yo sabía de ese tipo de presión sexual en una relación romántica, y quería algo diferente para ambos, tanto para ella como para mí. Yo quería honrar a Dios en esta relación, así que en las primeras citas solo le daba la mano al momento de despedirnos, no la besé en los labios por *meses*, pero para ese entonces ya sabía que me quería casar con ella. Así que, cuando ella cambió de universidades e hizo una transferencia a California University en Davis, ubicada en el norte, cerca de Sacramento, yo renuncié a mi trabajo y la seguí. Mi hermano y su esposa vivían en Sacramento, así que alquilé una habitación en su casa para estar cerca de mi chica.

Pasamos la mayoría de ese año cimentando nuestra relación. ¡Fantástico! Pensamos que estábamos en total sincronización el uno con el otro, disfrutábamos de las mismas actividades y nos reíamos de los mismos chistes. Quizás Dan y Tina habían pensado que nosotros operábamos en dos hemisferios cerebrales diferentes, pero Jean y yo sentíamos que éramos almas gemelas. Un día, esa primavera, mientras pasábamos el rato en la casa de mi hermano, recibí una llamada de Paul Fullwood, un amigo de Australia, quien recientemente había aceptado un trabajo con un grupo cristiano llamado Motivational Media. Este grupo tenía un programa que animaba a los estudiantes de la escuela secundaria a no meterse en las drogas y el alcohol. Cada grupo, compuesto de doce personas, viajaban por todo el país en camionetas preparadas para su ministerio, visitaban las escuelas secundarias de la localidad, presentaban un show de multimedia, y les hablaban a los muchachos acerca de los riesgos del consumo de drogas y alcohol. Paul me preguntó si me interesaría ser parte del equipo.

Mmmm, grupos de dos.

«Están juntos todo el tiempo, ¿no?», le pregunté.

«Sí», me respondió.

«¿Aceptan parejas?».

«Solo si están casadas».

«Por supuesto», le dije, «espera un momento». Me puse el teléfono al pecho y me volví hacia Jean.

«¿Te quieres casar y pasar el año que viene viajando por todo el país hablándoles a los chicos acerca del consumo de drogas y alcohol?».

Recuerde, Jean es la práctica, la que planea, la persona que tenía un plan de enamoramiento y noviazgo de cuatro años. Ella había tomado clases de bioquímica para sacar su título, ¡por el amor de Dios! Hasta el momento yo sabía que la espontaneidad no era parte de ella.

«Bueno», dijo ella, «¿podríamos darle una respuesta mañana?».

Llamamos a Paul al día siguiente y le dijimos que aceptábamos el trabajo. El entrenamiento comenzaba en tres semanas. Ese era todo el tiempo que teníamos para que Jean pudiera terminar con sus exámenes finales, planear una boda en seis semanas, y luego mudarnos temporalmente del norte de California al sur de California.

Sorprendentemente todo fluyó sin problema alguno. Jean terminó sus exámenes finales, pudimos rentar un lugar ideal para la boda, gracias a una cancelación de último minuto. Todo salió bien, tal como habíamos asumido que sería nuestra vida matrimonial. Oh, sabíamos que el matrimonio tendría sus retos, pero también sabíamos que serían meros baches en el camino a la felicidad. Después de todo, ¡Jean y yo nos parecíamos tanto!

Vaya la sorpresa que nos esperaba.

El descubrimiento de las diferencias

Varios meses antes de casárnos, aun antes de haber escogido una fecha, ya sabíamos que nos íbamos a casar. Incluso nos habíamos inscrito en una sesión de consejería matrimonial, que se reunía ocho horas cada sábado por tres semanas; de hecho, uno aprende mucho el uno del otro en esas conversaciones profundas en las que desnuda su corazón.

Para algunas parejas era demasiado.

Gran parte del curso se enfocaba en sacar a la luz las diferencias, puntos de fricción que pudiesen causar problemas entre los futuros esposo y esposa. De las diez parejas que comenzaron con nosotros, tres optaron por no casarse, decidieron que eran muy diferentes, supongo, como para despertarse acostados el uno junto al otro todas las mañanas por el resto de sus vidas.

Sin embargo, Jean y yo nos sentíamos bien al salir de las sesiones. Después de todo, nos parecíamos tanto en tantas formas. Como cristianos ya compartíamos muchas cosas, especialmente prioridades en torno a nuestra fe, teníamos la misma gran esperanza; además, nuestro caminar cristiano era muy similar, y por supuesto, compartíamos los mismos intereses: el atletismo y estar al aire libre, mantenernos al tanto con las noticias y eventos actuales, y un sentido del humor similar, aun nos gustaban las mismas comidas.

Pero en los meses y años después de casarnos, comenzamos a ver muchas diferencias también. Yo era el extrovertido espontáneo casado con una introvertida meticulosa a quien le gusta planear las cosas. Nos dimos cuenta de que aun cuando ambos disfrutábamos del alpinismo, acampar, el tenis, y mantenernos al tanto de las noticias del día, a veces sentíamos que no nos parecíamos en nada. En esos momentos, especialmente en tiempos de estrés, no parecía que yo era de Marte y ella de Venus, sino más bien que éramos de los polos opuestos de la galaxia.

Aun así, el hecho de que fuésemos tan diferentes no significaba que no éramos adecuados el uno para el otro, y que no podíamos seguir juntos; simplemente que teníamos algunos retos ante nosotros. Aunque a veces tenemos problemas con las cosas que nos hacen tan diferentes, esas mismas cosas pueden hacernos más fuertes aun, pueden hacernos *mejores* juntos.

Es parte del balance de las cosas. Hay una razón por la cual los polos opuestos se atraen, espiritualmente, emocionalmente, aun científicamente. A veces tenemos roles diferentes, a veces suplimos necesidades diferentes. Uno lo puede ver en la dinámica familiar, un padre tiene la tendencia a cuidar de los hijos, el otro tiende a enseñar; uno puede sobresalir al crear un ambiente seguro en la familia, el otro puede animar a sus hijos a salir de los límites, y ¡ambos son importantes! Creo que esto demuestra el plan de Dios para la familia y nuestras relaciones. Uno busca de manera natural aquello que no posee. Una persona de espíritu libre puede buscar de manera inconsciente un compañero que le dé la seguridad que tanto necesita; una persona introvertida puede enamorarse de un extrovertido, sabiendo de alguna manera, que él o ella le puede ayudar a salir de su cascarón; al final de cuentas nos encontramos unos a otros.

Claro, tenemos muchas cosas en común, nos gustan las mismas comidas, o nos encantan las mismas vacaciones, pero dentro de nosotros hemos sido formados de manera muy diferente, y necesitamos que otra persona nos complete. Como Jesús dijo en Marcos 10.8: «Y los dos llegarán a ser un solo cuerpo». No solamente nos amamos el uno al otro, creo que de alguna manera, espiritualmente, podemos hacer que el uno y el otro seamos mejores.

No es totalmente diferente a lo que encontramos en el mundo de los negocios. Cuando uno toma un test de la personalidad como parte de un equipo de trabajo, sea del tipo que sea, sin lugar a duda, escuchamos que un gran equipo está compuesto de muchas personalidades diferentes, cada persona trae sus fortalezas y debilidades a la mesa. Nuestras fortalezas añaden fortalezas al grupo, nuestras debilidades se remedian con las fortalezas de otras personas. Claro que trabajar con otras personas puede ser un reto para nosotros, nos gustaría que la gente vea el mundo de la misma forma que nosotros; y es cierto que muchos estudios sugieren que los miembros de un equipo tienen que compartir algunos rasgos e intereses similares, los cuales necesitamos para funcionar y comunicarnos.

Pero son las diferencias, no las similitudes, las que le dan poder al equipo para llegar al siguiente nivel. Nuestras diferencias nos fuerzan a pensar en los problemas en diferentes formas y a encontrar soluciones creativas fuera de lo normal. Sí, nuestras diferencias nos desafían, pero cuando unimos nuestras diferencias y trabajamos hacia una meta en común, los resultados pueden ser maravillosos. Simplemente debemos estar dispuestos a poner un poquito más de tiempo y esfuerzo, y entrar en ese ambiente aceptando y valorando esas diferencias. Si tratamos de forzar a alguien a que vea el mundo como nosotros lo vemos, no va a dar buen resultado. Somos quienes somos, Dios nos hizo de esa manera y debemos asumir que él está contento con que así sea. A él le deben gustar nuestras diferencias, a él le debe gustar que nos balanceemos los unos a los otros, en nuestras amistades, en nuestros trabajos, y muy especialmente, en nuestros matrimonios.

Jean y yo comenzamos nuestro matrimonio pensando: ¡Guau, nos parecemos tanto! Pero después de unos años nos dimos cuenta... *Guau, hay tantas diferencias entre nosotros.* ¿Pero sabe qué? Nuestro amor compensa eso, y podemos hacer que funcione. Y lo hemos hecho.

Solo que no ha sido fácil siempre.

Caminos pedregosos

Me encantó el año que Jean y yo pasamos viajando, dando nuestras charlas antidrogas. Me encantó cada minuto que pasamos juntos, y que estuvimos juntos *todo el tiempo.* Por primera vez en mi vida podía contar con que habría alguien a mi lado al despertarme y al acostarme; por primera vez desde que tuve cinco años supe lo que debería ser una familia.

Pero ni cuenta me había dado de que estaba volviendo loca a Jean. A mí me había encantado pasar veinticuatro horas al día, siete días a la semana con ella, pero Jean necesitaba su espacio.

Un día, después de cuatro meses en ese trabajo, Jean me dijo que iba al supermercado para hacer unas compras.

«¡Genial!», le dije, «voy contigo».

«No, no, no», dijo finalmente Jean, con un tono de exasperación en su voz.

«¿Puedo ir sola?».

Le dije que sí, por supuesto. Pero aunque dije que entendía que ella necesitaba su tiempo a solas, me dolió un poquito; sentí como que Jean prefería la compañía de la carne congelada y el brócoli y no a mí. Aun no entendía una de las diferencias de los extrovertidos como yo, y los introvertidos como Jean: yo recargo mis baterías cuando estoy con gente, y no hay nadie más con quien yo quisiera estar sino con Jean; los introvertidos necesitan tiempo a solas para recargar sus baterías, el tiempo con la gente, aun con las personas que ellos aman, los puede agotar. Jean había estado prendida por cuatro meses seguidos, necesitaba tiempo para recargar sus baterías, aun si tuviese que hacerlo comprando cereal.

Esa no fue la única vez que hemos experimentado disonancia en nuestro matrimonio. Hace más o menos quince años, poco después de que nació Trent, decidimos darle un puntaje a nuestro matrimonio: ¿era saludable, era agradable?

Yo no tenía la menor duda de que sí lo fuese, claro que no era perfecto, así que le di un nueve, una A, y pensé que estaba siendo extremadamente crítico.

Jean miró mi puntaje: «¿Un nueve?», dijo, «Estás bromeando, estamos como en un dos».

En ese momento descubrí otra diferencia fundamental entre Jean y yo. Por los libros que he escrito no se daría cuenta, pero Jean puede sentir que yo soy muy reservado emocionalmente. Aunque puedo hablar acerca de algunos momentos difíciles en mi vida, tanto del presente como del pasado, es muy raro que eso me toque emocionalmente. Ella cree que se me hace difícil ser totalmente vulnerable, que se me hace difícil darle acceso total a la parte emocional de mi vida.

¿Mi resistencia? ¿Mi habilidad para lidiar con los problemas? Jean diría que esas características positivas vienen con un lado más negativo. En mi niñez aprendí a poner una pared entre una parte de mi vida y el resto de mi mundo consciente; y quizás tenga razón, y no sé si es algo saludable, pero no me gusta ir allá.

He tratado de mejorar, no creo que Jean calificaría a nuestro matrimonio con un dos. Estamos más enamorados que nunca, pero aún no es perfecto. Aunque me he esforzado por ser más vulnerable, ella diría que me falta mucho. Ella quiere la llave de esa habitación, esa habitación donde cree que tengo encerrado mi dolor; ella quiere ir allí, quiere ayudarme, pero desde mi perspectiva, yo ni siquiera sé que hay *en* esa habitación, no sé si *existe* esa habitación, nunca abro esa puerta.

Aun después de quince años seguimos tratando con el asunto. Quizás sigamos tratando con ello por los siguientes quince años, y los siguientes quince, ¿hasta que la muerte nos separe?

La mayoría de los matrimonios tienen problemas que duran mucho tiempo, problemas que los molestan vez tras vez, es parte de vivir y amar a personas que son diferentes a uno, personas que a veces ven el mundo de diferentes ángulos. Y aunque puede ser que esos asuntos nunca desaparezcan del todo, los esposos y esposas deben seguir tratando con ellos. Si queremos crear una familia feliz, tenemos que comenzar con un matrimonio saludable.

Vamos amor, enciende mi fuego

He hablado muchas veces en el programa radial de Focus on the Family con el experto en matrimonios, Ted Cunningham, pastor fundador de Woodland Hills Family Church en Branson, Misuri. Él cree que el lazo entre esposo y esposa sobrepasa espiritualmente el lazo entre un padre y un hijo, lazos que a veces se revierten hoy en día. Como padres, inconscientemente ponemos a nuestros hijos a la cabecera de la mesa, hacemos de ellos el centro de nuestras vidas, aunque nuestra tarea principal es hacer que lleguen al punto en que ellos puedan dejar nuestros hogares y vivir vidas felices y saludables por su cuenta. Él enfatiza que poner el matrimonio primero, no significa que amemos menos a nuestros hijos. Cuando le damos prioridad a nuestra relación con nuestro cónyuge, nos ponemos en una posición de amar más a nuestros hijos.

En un programa reciente, él habló acerca de la tradicional vela de la unidad que se usa en la mayoría de las ceremonias matrimoniales. Él dijo: «Es una de las lecciones prácticas más grandes en una boda, porque hay dos velas individuales que representan a la novia y al novio, esposo y esposa, y esas son sus dos travesías espirituales delante de Señor. Y la vela del centro, es la vela de la unidad, donde ambos se unen.

»Y después me gusta sacar de mi bolsillo, o de algún cajón cerca, un montón de velitas de cumpleaños chiquitas, que representan a los hijos», añade. «Un día van a tener un montón de velitas pequeñas corriendo por toda la casa, y ellos van a sacar algo de esas llamas, de la travesía espiritual de papá y de la travesía espiritual de mamá, y de la travesía del matrimonio. Es importante ser ejemplo de esto para nuestros hijos en nuestro diario vivir; así que no descuiden su travesía matrimonial».

El pastor Cunningham lamenta el hecho de que muchas parejas se divorcian hoy en día. Prometen que van a tratar de proteger a sus hijos de esa ruptura, pero cuando el fuego de un matrimonio se desvanece, sin lugar a duda, va a impactar a los chicos, inevitablemente ellos lo sienten.

«Es algo que como pastor escucho con frecuencia», él dijo. «"Nos vamos a divorciar, pero vamos a seguir siendo amigos por el bien de los chicos". Yo siempre digo lo mismo. "Si pueden seguir siendo amigos, pueden seguir casados"».

Yo estoy de acuerdo.

No, no estoy diciendo que los padres solteros no pueden ser buenos padres. Aunque estadísticamente es más difícil, sí se puede ser un buen padre, pueden criar hijos saludables y bien desenvueltos. No obstante, todo vuelve directamente al título de este capítulo: «Polos opuestos se atraen»; necesitamos esos opuestos para crear un ambiente familiar totalmente formado y funcional; necesitamos ambas mitades para formar una familia completa. Cuando una de esas mitades se sale del cuadro, o solo está presente los fines de semana, es inevitable que los chicos sientan las repercusiones.

Me recuerda la historia de la otra vela de la unidad.

Cuenta uno de mis amigos que cuando él y su esposa se casaron, su vela de la unidad eran dos mitades de una vela grande: «Nosotros no prendimos la vela del centro y soplamos las otras dos de al lado», dice. «En lugar de eso, juntamos las dos mitades, cada uno de nosotros con su propia mecha, pero ahora juntos creamos una llama más grande».

Hay mucho de verdad en este tipo de ceremonia. Sí, cuando nos casamos, nos convertimos en uno, pero también somos personas diferentes, y no importa cuánto dure el matrimonio, ese matrimonio siempre va a estar compuesto por dos individuos diferentes. El matrimonio une a un hombre y una mujer, pero no nos aplasta para que lleguemos a ser un solo ser. Somos uno *y* también, esperamos, dos individuos inseparables.

Pero sabemos que las cosas no siempre son así. Cuando pensamos en el matrimonio como la vela de la unidad dividida de mi amigo, podemos ver más claramente cómo es el divorcio. Podemos remover una mitad de la vela y la otra mitad todavía brilla, aún puede dar luz a todas las velitas de cumpleaños de Ted Cunningham, pero no va a brillar bien o tan fuerte, se va a ver rara, fuera de balance, como que le falta algo.

Desde mi punto de vista, la meta es permanecer siempre juntos, tomar el voto que hicimos delante del Señor: «Para amar y cuidar... hasta que la muerte nos separe», como una promesa concreta que no se puede romper. A no ser que haya abuso físico o infidelidad, la mayoría de los problemas que enfrentamos en el matrimonio tienen solución, y aun en el caso de esos dos temas últimos y horribles, yo creo que todavía puede haber esperanza.

¡No se queden juntos por el bien de los chicos! Quédense juntos por su *propio* bien.

Hace un tiempo, Chicago University estudió parejas, casadas y divorciadas, para explorar si el divorcio en realidad traía más felicidad. La respuesta de los científicos fue un enfático: No.[1] Descubrieron que el promedio de las parejas infelices que se habían divorciado, en cinco años, todavía eran infelices; es más, eran tan infelices como las parejas infelices que seguían casadas. Los hombres y las mujeres que se habían divorciado no habían recibido un alza en su autoestima, si estaban deprimidos antes del divorcio, seguían deprimidos después.

Como hombres y mujeres tenemos la tendencia de buscar la felicidad fuera de nosotros. «Oh, esta persona me va a hacer feliz», decimos. «Este objeto me va a satisfacer». Y hablando de algunos aspectos, cuando se trata del matrimonio, hay algo de verdad en ello. Yo puedo decir definitivamente que soy más feliz con Jean que sin ella.

Pero al mismo tiempo, esa forma de pensar puede hacernos caer en una trampa. Que nuestra infelicidad debe ser la culpa de alguien, y eso puede llevar a algunas personas a buscar la felicidad fuera del matrimonio.

Los hombres piensan: *Si pudiese tener a esa otra chica, ella me entendería, mi vida sería más fácil*; y luego se casan con la otra chica y descubren que todavía tienen el mismo problema maloliente.

Es como el antiguo cliché con el que la humorista Erma Bombeck no estaba de acuerdo: «El pasto siempre es más verde al otro lado de la cerca». En realidad, no lo es, enfatizaba ella; es más: «El pasto es más verde encima del pozo ciego»,[2] es siempre verde donde se riegue. Riega el pasto donde estás.

De regreso a lo básico

Pero ¿*cómo* lo riega uno? ¿Cómo puede uno fomentar un matrimonio de calidad que marque el ritmo para el resto de la familia? ¿Cómo se puede crear un ambiente en el cual su amor no solamente sobreviva, sino también tenga una posibilidad de crecer y expandirse? ¿Cómo se puede arreglar un matrimonio roto?

En mi libro, *Marriage Done Right* [Un matrimonio que funciona bien],[3] traté ampliamente con el tema de cómo fomentar un matrimonio saludable. Pero por el tema que estamos tratando, me gustaría concentrarme en unas cuantas claves importantes, elementos que repiten, sin que sea una sorpresa, los fundamentos que delineé en el capítulo anterior.

Conozca a su cónyuge. Esto puede parecer irrelevante, puesto que ya lo conocemos bien, ¿o no? ¿Sabemos verdaderamente qué es lo que le da alegría? ¿Sabemos cuáles son las heridas que ha sufrido? ¿Sabemos cuál es el recuerdo más feliz de su niñez? ¿Sabemos cuál es su temor más grande? Y a veces, aun cuando *sí* lo conocemos bien, nos olvidamos. Perdemos de vista quién es y cuáles son las cosas que le encantan, aun las cosas que le gustan de nosotros. A veces porque ha llegado a ser una presencia tan grande en nuestras vidas, casi nos olvidamos de cómo se ve, comienza a mezclarse con todo lo que vemos todos los días, y aunque hay cierto nivel de belleza en ese nivel de familiaridad íntima, también hay un peligro escondido en ello. No debemos perder de vista nunca la razón por la cual quisimos pasar el resto de nuestras vidas con la persona que se sienta frente a nosotros en la mesa. A veces tenemos que volvernos a familiarizar con esa persona, volverla a conocer.

Únase a su mundo. Yo sé que no a todos los hombres les gusta ir a comprar telas con su esposa, a quien le encanta hacer frazadas. No toda mujer va a entender por qué su esposo tiene que ver tres partidos de fútbol el domingo. No todo cónyuge va a entender el amor irracional de su pareja por la caza o la pesca, o su deseo de tomar una clase de zamba, o su impulso de querer vestirse como Boba Fett para el estreno de la película *La guerra de las galaxias*. Aun si no podemos compartir una pasión especial, creo que es importante por lo menos tratar de entender esa pasión y entrar en ella cuando sea posible. Su cónyuge lo ama a usted, y ama ciertas cosas. Cuando uno le muestra a su cónyuge que le gustaría entender (y cuando es posible, compartir ese amor), puede revitalizar una relación de la mejor forma, puede remover un punto de posible fricción y tornarlo en una actividad mutua. Incluso si uno no puede totalmente aceptar con los brazos abiertos una actividad —yo conozco hombres que preferirían hacer una marcha forzada de treinta y dos kilómetros que participar en una clase de zamba—, por lo menos puede apreciar que esa actividad nutre algo importante dentro de su cónyuge.

Pero permítame añadir un par de advertencias: primero, no aliente el hecho de que las pasiones saludables se conviertan en obsesiones dañinas. Por más que a mí me encante el fútbol, pasar diez horas un domingo mirando el deporte no es nada bueno para mi matrimonio o mi familia; la clave es moderación. Segundo: tenga cuidado de no imponerse en estos mundos. Recuerdo bien la necesidad de Jean de ir al supermercado sin mí; a veces estos mundos separados proveen oportunidades para que su esposo o esposa tengan un poquito de tiempo para sí mismos.

Ríase. No olvide que la intención de Dios es que amemos las vidas que nos ha dado, y que disfrutemos nuestras vidas juntos. Las presiones del trabajo, la familia y las relaciones pueden ser abrumadoras, y parte de estar en un matrimonio quiere decir que debemos compartir esos momentos difíciles. Igual de importante es poder compartir los buenos momentos, también es importante crear recuerdos juntos. Los momentos más felices con Jean son los momentos llenos de risa, y por supuesto, cuando nos acordamos de esos recuerdos, la rememoración resuena con risa también. Como pareja debemos acordarnos de reír: miren una comedia favorita, tómense el pelo recordando un momento vergonzoso o gracioso, compartan un chiste privado. Reírse con su media naranja, aunque pareciera algo tan superficial, provee un ungüento para refrescar un poquito de dolor. Y si comparten suficiente risa, puede convertirse en una parte integral de su relación.

Siga la regla de oro. El sentido común nos diría que tratemos a nuestros esposos y esposas con el mismo respeto y cortesía que nosotros esperamos de ellos, pero a veces nos olvidamos. El antiguo cliché dice la verdad: siempre herimos a aquellos que amamos. Este cliché parece impensable en los primeros días de matrimonio: ¿Herir al amor de mi vida? ¡Nunca!, pero los que son veteranos en el matrimonio nos dirán que sucede con mucha facilidad. En nuestros peores momentos aun puede ser una *tentación*. Nuestras diferencias pueden hacer que el esposo y la esposa seamos un equipo mejor, pero también pueden volvernos locos un poquito. A veces no es que queramos ganar el argumento tanto como avergonzar a la otra persona. Queremos que se sometan a nuestro intelecto superior para que nunca vuelvan a estar en desacuerdo con nosotros. Podemos tratar de «ganar» sacando recuerdos antiguos y dolorosos, o rascando algunas cicatrices dolorosas, o tratando de ver si hay alguna inseguridad. A veces peleamos usando el volumen solamente, y en algunos matrimonios, es triste decir, los desacuerdos pueden volverse en algo mucho peor.

Es difícil recordar el calor de su vela de la unidad en el calor de la batalla, ¡pero trate!, es importante.

Busque oportunidades en las que pueda expresar su amor, amistad y gratitud de maneras inesperadas: ofrezca un masaje en la espalda, haga algo en la casa que normalmente no hace, prepare una comida especial. Decimos que nosotros sacrificaríamos lo que sea por nuestros cónyuges, pero muy a menudo nos quejamos cuando nos piden que compremos leche camino a la casa o que llamemos al fontanero. Igualmente, si su cónyuge hace algo especial por usted, *tome nota*. Estos gestos son importantes y significativos; no dé por sentado su bondad.

Converse. Para conocerse el uno al otro hay que conversar, para reír juntos hay que conversar. Casi todo experto en matrimonios diría que la comunicación es clave para todo matrimonio saludable, y es más importante aun cuando salen los problemas, algo que es inevitable. A veces tiene que tratar con cositas pequeñas como cuando su esposo deja sus zapatos en medio del camino; a veces la conversación se hace más grande, como cuando tiene que confrontar a su cónyuge por un problema de adicción al alcohol, a las drogas o a la pornografía; o a veces es acerca de un conflicto en progreso, como los conflictos que tenemos Jean y yo por nuestros hijos.

Sea que los asuntos fueran grandes o pequeños, es importante no ignorarlos. No debemos retirarnos, como muchos hombres tienden a hacerlo en estas situaciones. Hay momentos en que los cónyuges no solo se retraen, sino que se rinden, ceden ante esos asuntos en lugar de involucrarse en ellos de manera saludable. Como no quieren la pelea ni el drama, simplemente dicen: «Está bien, haz como tú quieras», y se vuelven a mirar la TV.

Algunos matrimonios se meten en problemas en este momento. Un cónyuge termina rindiéndose todo el tiempo, y puede durar por una década o dos, o quizás tres, hasta que finalmente dicen: «Creo que ya no te amo». Se han rendido tanto que ya no sienten *nada* por la persona a la que juraron amar y cuidar por el resto de sus días.

Hay deleite en las diferencias

Hay veces en que ninguna de estas herramientas fundamentales puede resolver lo que sentimos que es el problema más irritante de todos: las diferencias de fondo entre esposo y esposa. Para poder superar este asunto, las parejas necesitan más que la risa o un compromiso de correr la carrera juntos. Necesitan paciencia y gracia, y lo más importante, un entendimiento de que las diferencias de su cónyuge son bienes y no cargas. El hecho de que nuestras maneras de ser sean tan diferentes es parte del diseño de Dios para nuestras vidas, no un error cósmico.

Hasta a los expertos se les hace difícil aceptar esta verdad. Cuando la doctora Jill Savage, oradora y autora del libro *My Heart's at home* [Mi corazón está en mi hogar], se presentó en el programa de Focus on the Family en el 2013, con mucha franqueza describió los problemas que ella y su esposo, Mark, habían tenido durante sus veinticinco años de matrimonio (y siguen avanzando).

«Hubo muchas dinámicas que daban lugar a esta situación», dijo ella. «Una de estas era que, honestamente, Mark y yo estábamos esforzándonos mucho para cambiarnos el uno al otro en lugar de aceptarnos mutuamente como quienes éramos verdaderamente como individuos; así que, cuando nos veíamos el uno al otro haciendo las cosas en forma diferente a como las hubiésemos hecho nosotros, en lugar de verlo como algo *diferente*, lo veíamos como algo *equivocado*».

También tenían diferentes maneras de tratar con el conflicto. «Yo me retiraba», admitía Savage, «y él se enfurecía».

Suena muy parecido a la forma en que LeRoy y Kimberly Wagner describieron su propia travesía matrimonial en un programa dos años después. LeRoy, un pastor, siempre luchó por hacer que Kimberly fuera más organizada, como él. Kimberly, autora del libro *Fierce Women* [Mujeres tenaces], veía las diferencias de LeRoy como debilidades. «Y eso», dijo ella, «causaba que yo tuviese una actitud de superioridad para con él».

Tal como Jill Savage y su esposo, esas diferencias empeoraron más por una desconexión en la comunicación. «Cuanto más ella trataba de darme su opinión o lo que ella estaba tratando de que yo entendiese, más yo me hacía de oídos sordos», dijo LeRoy, «y aunque soy una persona extrovertida por fuera, ante el público, en casa soy más introvertido, así que yo me retiraba más y más dentro de un cascarón». Con el tiempo, él comenzó a batallar con la depresión, «porque sentía que no había salida para esta situación».

Sé que estos problemas son difíciles de resolver, quizás tomen años para tratar con ellos, quizás nunca terminemos el proceso. De hecho, las diferencias nunca se van a ir, en esta vida o en la futura. Quizás la fricción que esas diferencias causan no desaparecerán totalmente.

Pero, aunque no hay cura, hay dos cosas: ayuda y esperanza. Y hallamos esa esperanza en la humildad.

Kimberly menciona la humildad como el primer paso para ella y LeRoy. En un momento, ella se fue de retiro, para poder escribir un estudio bíblico basado en 1 Pedro. El tercer capítulo de la carta de Pedro comienza con las siguientes palabras: «Esposas, sométanse a sus esposos, de modo que, si algunos de ellos no creen en la palabra, puedan ser ganados más por el comportamiento de ustedes que por sus palabras» (1 Pedro 3:1). Ella había leído ese capítulo innumerables veces, pero esta vez, dada sus dificultades con LeRoy, le impresionó de una manera distinta, la quebrantó. Cuando llegó a la casa, se disculpó y se humilló.

El cambio no se dio instantáneamente. «Mi corazón estaba tan frío», me dijo LeRoy. Tomó dos años antes de que él recibiese la convicción, fuese quebrado y pudiese ir a Kimberly y disculparse también. Solo entonces pudo comenzar el verdadero cambio, la verdadera sanidad.

Kimberly me dice que el secreto y el pilar de un gran matrimonio es la honestidad por medio de la humildad, no perfección, sino quebrantamiento, estar dispuestos a decir: «Estaba equivocado, lo siento, ayúdame».

¿Por qué se nos hace tan difícil hacer eso?

«No hagan nada por egoísmo o vanidad», les dice Pablo a los creyentes filipenses, «más bien con humildad consideren a los demás como superiores a ustedes mismos. Cada uno debe velar no solo por sus propios intereses, sino también por los intereses de los demás» (Filipenses 2.3–4). Se *espera* que seamos humildes, se *espera* que demos de nosotros. Y muchas veces, nosotros los cristianos podemos seguir el consejo de Pablo muy, muy bien, excepto en nuestros propios hogares, excepto con las personas a quienes debemos amar. En lugar de admitir nuestras propias debilidades, hacemos todo lo posible por exponer las de ellos. Intercambiamos nuestro quebranto por una perfección fingida, ignoramos la gracia con tal de ganar un argumento. Nuestras diferencias, nuestras gloriosas diferencias dadas por Dios, se convierten en defectos, errores que tenemos que borrar o quemar como si fuesen basura.

Cuanto más tiempo tengo de casado, y con cuantos más expertos converso, más me convenzo de que no construimos grandes matrimonios sobre similitudes, sino sobre nuestras diferencias, matrimonios que no dependen de nuestras fortalezas sino de que nos quebrantemos.

El quebranto lleva a la humildad. Cuando somos humildes, prestamos atención mejor, nos convertimos en personas más encantadoras, podemos ver con más facilidad la belleza y el poder en nuestro cónyuge, a pesar de todas sus diferencias. Cuando estamos quebrados, llegamos a una posición mejor en la cual *necesitamos* amor, y cuando aceptamos el amor, no solo estamos recibiendo un gran regalo, sino también estamos dando uno.

¿No es ese el mayor secreto de nuestro caminar con Dios? Estamos más cerca de él cuando reconocemos cuánto lo necesitamos. La honestidad completa y total da mejores resultados.

¿Entonces por qué no va a ser lo mismo con nuestros esposos y esposas?

Jean y yo discrepamos en áreas principales, siempre va a ser así. Y honestamente, los conflictos que tenemos a causa de esas diferencias quizás nunca se vayan, a veces los vamos a confundir pensando que son debilidades, las vamos a usar como armas, quizás aun vamos a tratar de «arreglarnos» el uno al otro, para mostrarle a nuestro cónyuge que nuestra forma de hacer las cosas es la forma *correcta*.

A pesar de que nos olvidemos de que nuestras diferencias son bienes, Dios no se olvida. Él nos unió por una razón, y él sabe aun más que nosotros, lo buenos que somos juntos, no a pesar de nuestras diferencias, sino por causa de ellas.

Capítulo Seis

LECCIONES COMPLICADAS
Y DESAGRADABLES

✦

S aul y Debbie sabían cuáles eran los fundamentos de una buena crianza de hijos, y todos los que los conocían en Colorado Springs dirían que sí. Eran buenas personas de clase media, ambos con empleos remunerados, y asistentes regulares de la iglesia. Estaban en el proceso de criar a dos chicos maravillosos, incluyendo a Cody, un chico inteligente, divertido y atlético. Saul y Debbie hacían todo lo que la sociedad nos dice que los buenos padres deben hacer: iban a todos los conciertos de la escuela y asistían a cada partido de fútbol; pasaban tiempo en familia jugando algunos juegos y mirando dibujos animados, saliendo a caminar, jugando un poco de baloncesto y riendo.

O por lo menos se reían cuando parecía que era apropiado. Si Cody se portaba mal, nadie se reía. Si era irrespetuoso y antipático en la casa de los abuelos, solo una reprimenda siseada interrumpía el calmado y frío viaje de retorno a la casa. Si no hacía su tarea o si llegaba a la casa con una nota baja, la risa paraba bruscamente, como si se parase por una retorcedura en la manguera. Voces altas y amenazas mandaban a Cody a la mesa del comedor, donde se sentaba por horas con sus libros y sus papeles iluminados por un candelabro de techo.

Pero esos momentos solo sucedían pocas veces. Los padres de Cody eran buenos padres que estaban criando a un muchacho bueno y prometedor, y eran recompensados con A y B, y éxito en el campo de fútbol, aun en un campeonato de la liga estatal. Cody se estaba convirtiendo en todo lo que ellos habían esperado: inteligente, motivado, atlético y divertido. *Si solo pudiese ser un poquito mejor en esta área pequeña,* pensaban Saul y Debbie, *si solo estudiase más en matemáticas, si solo sonriese más con la abuela, si solo dejase de pedir que le compremos esa patineta peligrosa, si solo, si solo.*

El domingo de resurrección, Saul, Debbie y el resto de la familia cenaron en la casa de los abuelos. Cody, de doce años, se estaba portando excepcionalmente bien esa tarde: respondió tranquilamente a las preguntas que se le hacían, comió toda su comida, y ni una sola vez Saul tuvo que llevarlo a un lado para recordarle severamente qué decir y cómo decirlo, ¡ni una sola vez! Y en el camino de regreso a la casa, Saul aun se preguntó si Cody había estado muy callado, y no se había reído tanto. No solo no había interrumpido la conversación, sino que no había dicho casi nada, a menos que alguien le hubiese dirigido la palabra.

Saul puso de lado ese pensamiento. *Está madurando,* pensó con una hinchazón agridulce de orgullo; *está creciendo, está entendiendo.*

A la mañana siguiente, mientras Saul tomaba su desayuno antes de ir a trabajar, Cody bajó las escaleras vistiendo un polo y pantalones cortos, y caminó silenciosamente al cuarto de lavandería metiéndose en la secadora de ropa para sacar ropa limpia para ir al colegio.

«Buenos días», dijo Saul.

«Buenas», dijo Cody en voz baja.

«¿Qué tal va a ser tu día, tienes exámenes?».

«No», respondió Cody.

«Genial», dijo Saul. «Mira, ¿puedes sacar la basura, por favor?».

«Sí papá», le dijo.

Saul pasó las siguientes horas sumergido en el trabajo. Como a las once de la mañana, recibió una llamada de Debbie, quien había recibido una llamada de la escuela. Cody no había ido a la escuela y la secretaria quería saber si estaba enfermo, así que Debbie le preguntó a Saul.

«Quizás no se sentía bien esta mañana», dijo Saul. «Se le veía muy callado, quizás se olvidó de llamarnos». *O quizás se saltó la escuela*, pensó negativamente, *si es así, vamos a asegurarnos de que no vuelva a suceder*. «Estoy yendo a la casa para asegurarme de que todo esté bien», dijo Debbie.

Media hora después, el teléfono de Saul volvió a sonar, notó que era el número de su casa, pero el sollozo al otro lado de la línea era tan tenso y atormentado que casi no podía reconocer la voz.

«¿Debbie?», preguntó Saul. «¿Qué pasa?».

Tuvo que volver a hacer la pregunta para poder entender a su esposa.

«Se ha ido», lloró Debbie. «Dejó una nota, se ha fugado».

Una nube de confusión e incredulidad reinó por los siguientes cuarenta minutos. Saul fue a toda prisa a su casa, donde encontró a Debbie parada en la sala, llorando todavía, con un pedazo de papel en la mano.

«Lo siento», era el inicio de la nota. «Los amo, pero no me gusta mi vida en estos momentos». Escribió que su plan era caminar hasta la casa de sus otros abuelos, a más de ciento sesenta kilómetros de distancia. Había llevado un poco de comida y un par de mudas de ropa en su mochila, y veinte dólares en efectivo. Dejó una cajita pequeña con algunas cosas para su hermanita en caso de que no la volviese a ver a ella o a ellos.

«P.D.», escribió. «Saqué la basura».

En este mundo tendréis aflicción...

Espero que usted nunca tenga que lidiar con una crisis como esa. Saul lo recuerda como el peor día de su vida. Para Debbie todavía es difícil hablar del tema. Tuve permiso para contar la historia si cambiaba los nombres.

Aunque las circunstancias sean únicas, la crisis no lo es. Según National Runaway Safeline,[1] de 1,6 a 2,8 millones de chicos se fugan de sus casas cada año. La mayoría regresa a su casa sin incidentes, pero algunos no; es más, a algunos no se les encuentra nunca.

Aun las familias que nunca tratan con hijos que se fugan, casi con seguridad enfrentarán una crisis familiar que nunca se hubiesen imaginado. Puede ser un desastre que cambie la vida, algo como un intento de suicidio o un embarazo inesperado; puede ser algo relativamente pequeño que manda señales de alarma, como una D de un hijo que siempre saca A, el historial incriminador de un navegador, la ruptura de una hora de llegada a casa, una mentira sin arrepentimiento. Las historias cambian, pero los problemas impactan a millones de millones de familias, incluso a las «buenas» familias.

Noticias de última hora: las familias son complicadas, *todas* las familias. Y las complicaciones se pueden sentir como un volcán, rebozan por los lados y corren cuesta abajo tan lisas como la miel, aunque no es bonito, es constante. En otros casos, un corcho mantiene las complicaciones encerradas, todo se ve bien desde afuera, pero por dentro la presión se sigue elevando, hasta que un día todo explota.

Nos imaginamos que si hacemos todas las cosas correctas, la crianza de los hijos no va a ser tan complicada. Si seguimos las reglas, si practicamos todos los consejitos, si prestamos atención a todos mis invitados expertos en la radio todos los días, nuestras familias se verán como aquellas que vemos en la televisión o en Facebook, o aquellas que nos sonríen desde las paredes. Serán familias Mary Popppins: casi perfectas en todo. Pero siendo el anfitrión de esos programas radiales, que escucha toda la sabiduría de los expertos de primera mano, puedo decirle que los conflictos llegan, aun cuando tomamos todas las decisiones correctas y marcamos los casilleros correctos, ¿por qué? *Porque sí.* Por causa de nuestro mundo caído, por causa de nuestro carácter caído. Porque cometemos errores, y porque a veces esos conflictos no son errores, sino lecciones, oportunidades dadas por Dios para sacar algo precioso y dorado del fango de nuestra crisis.

Para nosotros esto es algo ilógico. Al iniciar nuestras familias, casi de inmediato, comenzamos a hacer planes para nuestros hijos. Quizás nunca escribamos ni una palabra respecto a ello, pero llevamos esos planes dentro de nosotros todos los días que nuestros hijos están en nuestros hogares. Día tras día, tarea tras tarea, nos aseguramos de que sigan el plan, y que lo cumplan.

Los errores no encajan en nuestros planes, son anormalidades que nos pueden hacer sentir como que tenemos que comenzar todo nuevamente. Sabemos qué sucede, por decir, si cometemos un error con una receta para hacer galletas, y echamos una taza de sal cuando la receta dice que echemos una taza de azúcar; sabemos qué pasa si omitimos uno de los pasos cuando armamos una bicicleta.

Pero ¿qué si nuestros planes mismos están llenos de fallas? ¿Qué si Dios nos quiere dar un bosquejo mejor?

No nos gustan los errores, no nos gusta verlos en nuestros hijos, y verdaderamente no nos gustan en nosotros. Pero recuerde, este mundo caído estrujó y pateó lejos el plan de Dios para él hace mucho tiempo, y los errores no son anormalidades aquí. Debemos anticiparlos, y quizás Dios nos esté dando empujoncitos por medio de estos errores, empujándonos para que nos acerquemos más a sus planes para nosotros.

Las consecuencias

Cuando Cody se fugó era el 2003, no todo el mundo tenía un teléfono celular en su bolsillo en ese entonces. Los padres de Cody no querían que él tuviese un celular hasta los dieciséis de todos modos, de modo que sus padres no podían llamarlo o mandarle un mensaje. No había forma de rastrearlo a menos que Cody mismo quisiera que lo encontraran. Las opciones de Debbie y Saul eran limitadas. Saul salió a pie, tratando de seguir la lógica de un niño de doce años que se ha fugado de la casa y seguir sus pisadas. Debbie salió rumbo al norte por la carretera interestatal, el camino que Cody hubiese asociado con los viajes a la casa de los abuelos. Saul y Debbie buscaron la ayuda de amigos y familiares, y comenzó la búsqueda.

Pero Cody no estaba escondido en el vecindario, suplicando por atención, no estaba caminando con la esperanza de que lo encontraran.

Saul no había visto ni señas del chico en los noventa minutos de búsqueda; llamó a Cody por nombre hasta que se quedó ronco. Recuerdos de momentos con Cody, haciendo alpinismo, jugando juegos de video y mirando dibujos animados los sábados por la mañana, comenzaron a mostrarse rápidamente en su mente. ¿Estaba perdido? ¿Herido?. Aun en medio de su pánico, Saul se preguntaba cómo sería su vida sin Cody, ¿volvería a sonreír?

Regresó a su casa, con el rostro mojado de sudor y lágrimas, listo para llamar al número de emergencias cuando vio la luz de la máquina contestadora del teléfono que estaba titilando.

«Hola», dijo la voz, «soy Cody, estoy bien, estoy en el centro comercial en Castle Rock (un pueblo a casi cuarenta kilómetros al norte de Colorado Springs)».

Hubo una pausa.

«Quiero volver a casa, ¿alguien me podría recoger?».

Al momento en que Saul y Debbie leyeron su nota, Cody ya había caminado ocho kilómetros hasta un restaurante de comida rápida cerca de la carretera interestatal, ahí conoció a un señor que le preguntó si necesitaba un aventón, y Cody le dijo que sí. Los dos salieron juntos en una camioneta pickup roja Dodge en dirección al norte.

Pero luego, a medio camino rumbo a la casa de sus abuelos, Cody decidió terminar con su fuga; le pidió al señor que le dejase bajar, y el señor le obedeció.

Imagínese por un momento, qué tipo de hombre recogería a un chico de doce años, que se estaba fugando de su casa, en un restaurante de comida rápida. Imagínese en qué maneras pudiese haber terminado esta historia.

Media hora después de la llamada de Cody, Saul entró al área de comidas del centro comercial y vio a su hijo, con su mochila aún en la espalda, con un par de policías de seguridad. El padre llamó a su hijo por nombre, Cody volteó y corrió hacia él, lloraron mientras se abrazaban. En medio de esa nube, Saul vio a uno de los policías de seguridad sonreír con un labio tembloroso y retirarse sin decir una palabra.

«Vamos a la casa», por fin dijo Saul, «vamos a la casa».

Al día siguiente, Saul y Debbie llevaron a Cody a una consejera. El chico insistía en que estaba bien, pero hubiera sido una locura haber confiado en su palabra, ya que no hacía ni veinticuatro horas que habían estado buscándolo. Él vio a la consejera a solas, sin sus padres. Si se había fugado por algo que él había hecho, o algo que no hizo, quizás le hubiera sido difícil decirlo delante de ellos, quizás por tener mucho miedo o ser muy tímido.

Esperaron por él durante una hora y por las respuestas.

Pero no recibieron ninguna, Cody dijo que no sabía por qué lo había hecho. La consejera dijo que se le veía bien, aunque podían inscribirlo para que recibiera sesiones de consejería si deseaban, pero que ella no pensaba que fuese necesario.

«La adolescencia temprana es una etapa rara», dijo, «hay muchos químicos que aumentan repentinamente en el cuerpo, tantas emociones encontradas y tantos causantes de estrés, que parece que uno va a explotar; en el caso de Cody, creo que de cierta manera él explotó».

Hasta el día de hoy esa es la única explicación que ellos han recibido. Una casualidad, esas cosas suceden.

Pero desde ese momento, Saul y Debbie cambiaron un poquito como padres. En lugar de tomar medidas más drásticas con su exescapista, lo cual era su instinto normal, soltaron la mano un poquito. Cuando Cody hacía algo bien, se concentraban en elogiarlo. Cuando metía la pata, trataban de corregirlo sin criticarlo. Le dieron un poquito más de libertad de acción en algunas de las áreas en las que habían sido muy estrictos antes, aun le permitieron a Cody comprar la patineta.

No es que dejaron de ser los padres de Cody. Aún querían que le fuera bien en la escuela, y que tratara a sus mayores con respeto, pero en esa crisis caótica, Saul y Debbie aprendieron una hermosa y terrible lección. Aprendieron que su hijo no era un pedazo de arcilla viviente que necesitaba ser moldeada, formada y horneada en una imagen agradable a Dios, sino también un regalo de ese Dios, un hijo hecho a la imagen de Dios que era digno no solo del amor de ellos, sino también de su gracia. Quizás antes de esa experiencia ellos veían la gran parte del tiempo que pasaban con Cody como oportunidades para enseñar, corregir e instruir; pero a partir de ese día, cada momento que pasaban con su hijo, aun cuando llegó a ser adulto, era una celebración. Cada minuto en sí era un regalo, porque ninguno tenía la garantía de existir.

Sin dorar la píldora

Creo que la familia de Cody aprendió algo acerca de las complicaciones y el caos.

Imagino que por años Saul y Debbie trataron de evitar las complicaciones cuando era posible, y cuando llegaban trataban de minimizarlas y esconderlas debajo del tapete. Cuando Cody era un niño pequeño, sus padres le peinaban el cabello, le lavaban la cara y se aseguraban de que su camisa estuviera limpia cuando iban a algún sitio. No le permitían saltar en el barro, ¡que Dios lo ayudara si derramaba jugo de naranja en su camisa! Y cuando creció, la idea de sus padres de mantenerlo *limpio* y *presentable* creció. Aun cuando pusieron su atención no en cómo se veía Cody sino en cómo se portaba, todavía se preocupaban por su apariencia. *Otras familias pueden ser desordenadas,* los padres de Cody le estaban tratando de decir al mundo, *pero esta no, somos buenos padres, somos padres cristianos, lo tenemos todo bajo control, las complicaciones y el caos son para otras familias.*

Así que quizás la presión se elevó semana tras semana. Todo se veía bien desde afuera, hasta que finalmente... ¡BUM!

Ahora ya saben, los conflictos son parte de esta labor. Algunas familias son más caóticas que otras, pero el hecho de que ellos a veces se quiebren o se pongan un poquito mugrientos no debería sorprendernos. Todos los hijos son concebidos en el acto sexual que no es nada limpio en sí. Nuestro primogénito nació en un chorro de líquido y dolor. En poco tiempo su bebito comienza a llenar sus pañales, y a escupirle en su camisa nueva, aun cuando uno ya no necesita las toallitas húmedas, la suciedad no se acaba. Quizás haya menos secreciones corporales, pero nunca se acaba. No se acaba cuando su hijo cumple cinco años o quince o incluso treinta y cinco; siempre hay algo con qué lidiar, siempre hay un desastre que limpiar.

Aun si usted está totalmente saturado del conocimiento del mundo, con un doctorado en crianza de hijos en mano, no siempre todo sale bien; no tenemos garantías. Claro que los fundamentos son importantes, pero el conocimiento de esos fundamentos principales no quiere decir que los vivamos a diario, e incluso cuando sí se pongan en práctica a diario las cosas pueden salir mal.

Si las complicaciones, los desastres, los líos, etc., son inevitables, ¿por qué tantos padres les tienen miedo? Cambiamos pañales como parte del trato... Pero, ¿mala conducta? ¿Fracaso? ¿Por qué es que estos momentos desastrosos debilitan nuestra gracia y nos convierten en dictadores?

Aunque ningún padre en su juicio cabal cambiaría una familia saludable por una disfuncional, terminamos haciendo eso exactamente. Juzgando por nuestras palabras, nuestros hechos y nuestras elecciones, a veces parece que preferiríamos tener una familia disfuncional que se *ve* bien en lugar de tener una familia complicada que es saludable.

¿Por qué? Todo se debe a la presión.

Primero, la ponemos sobre nosotros. Si fuimos criados por grandes padres, queremos seguir sus pasos, y sentimos la presión de vivir a la altura de su ejemplo; si nuestras niñeces no fueron tan buenas, queremos evitar los errores que nuestros papás y mamás cometieron. Por lo general, nos encontramos haciendo un poquito de los dos, pero en cualquiera de los casos, sentimos la presión; sabemos cuán importante es nuestra labor y la tomamos muy en serio (como debería ser).

Y la mayor parte del tiempo nos parece que tenemos éxito. Pensamos que somos muy buenos; si mira los estudios de autoevaluación, se dará cuenta de que la gente por lo general se da puntajes altos. Son empleados mejores que el promedio, o cónyuges superbuenos, o un padre que se sale del cuadro. Cuando se nos pide que nos evaluemos, tenemos la tendencia de darnos A y B, pero he descubierto que típicamente nos damos un puntaje más alto del que nuestros cónyuges nos darían, nos damos un puntaje más alto de los que nuestros hijos nos darían. Cuando nosotros pensamos que somos un nueve o un diez, las personas que más nos aman quizás nos den un seis o un siete, y es difícil que nos digan que somos un siete. Así que, la mayoría del tiempo ni siquiera preguntamos.

Pero más presión viene de afuera. No toma mucho tiempo para que comience la batalla de los bebés.

Llevamos cuenta del desarrollo de nuestros hijos desde el primer momento. ¿Ya levanta la cabecita? ¿Ya gatea? ¿Ya habla? ¿Ya dejó de usar pañales? Les prestamos tanta atención a esos marcadores, no porque sean importantes por sí mismos, sino porque nos encontramos en una competencia rara y totalmente sin sentido con la familia del final de la calle que tiene un niño casi de la misma edad que el nuestro. O competimos contra un cuadro de desarrollo que hemos leído en el internet o que algún amigo ha mencionado. Les prestamos tanta atención a estas reglas arbitrarias, que cuando llegan a la edad de tres años ya los inscribimos en Yale, o los resignamos a una vida de crimen.

Como me dijo un pediatra una vez: «Usted no ve chicos de catorce años usando pañales». Sí, las mamás se preocupan por sus niños que se demoran en usar el baño, y de vez en cuando tenemos razón al preocuparnos, pero en su mayoría, estos niños dejan los pañales, quizás demoren un poquito, pero después aprenden. «No se preocupe por las cosas pequeñas», me dijo este pediatra. Y uno tiene que saber cuáles son las cosas pequeñas; dejar de usar pañales al año no es gran cosa.

Aunque los pediatras no se preocupan, las mamás y los papás todavía usan la regla. Si su hijo está en la parte superior de la curva del desarrollo, usted puede apostar que se lo van a hacer saber a toda persona que esté cerca. Si su hijo cae en la parte inferior de la curva, los padres no solo se preocupan, sino que se sienten *avergonzados*, se sienten *apenados* porque su niño no está desarrollando como los otros niños que ellos conocen. Se estresan pensando que su niño o niña, y por ende toda la familia, sean el blanco de un chisme malicioso. «El pequeño Tommy Jenkins tiene tres años y medio y todavía usa pañales; mi pequeña Meggie Sue bajaba la palanca, la del inodoro de adultos, no la de plástico, sepa usted, ¡al año y medio!».

De esta manera comienzan toda la presión y todas las expectativas. «*Mi hijo* está en el cuadro de honor». «*Mi hijo* está en el equipo titular de la escuela». «*Mi hijo* irá a Standford». «¿Cuáles han sido los logros de *tu* hijo últimamente?».

Las presiones, tanto internas como externas, pueden ser enormes. Y el temor al fracaso, el temor del desastre es especialmente fuerte en los cristianos.

El baile con las expectativas

Estas presiones van directamente en contra de lo que debemos ser y la gracia que se nos ha otorgado. Dentro de la comunidad cristiana, nos aterra proyectar imperfección. La mayoría de nosotros los cristianos nos esforzamos mucho por esconder nuestras dudas, temores e inferioridades. Aprendemos formas de hablar, formas de comportarnos y formas de *escondernos*, y eso se extiende hasta nuestras familias.

Es curioso que no veamos a muchas familias en la Biblia que se escondan. Las Escrituras están tan llenas de familias complicadas que es difícil encontrar una buena. No encontramos familias Brady en la Biblia, algunas son totalmente disfuncionales. No es saludable que una mamá conspire con su hijo favorito para engañar a papá, como lo hicieron Rebeca y Jacob. Si usted está criando una familia en la cual sus hijos venden a uno de los suyos a esclavitud, usted tiene serios problemas.

Aun la familia más famosa en la Biblia no era perfecta. La mayoría de nosotros, incluso en nuestro peor momento en la crianza de nuestros hijos, no nos olvidaríamos de llevar a nuestro hijo de regreso a la casa después de un viaje a la gran ciudad, ¿verdad? Pero eso es lo que María y José hicieron con Jesús en Jerusalén, justo cuando tenía la misma edad que Cody, el hijo de Saul.

La Biblia no se echa para atrás ante los conflictos del mundo. La Biblia lidia con la realidad.

Yo vuelvo al ejemplo de David vez tras vez, quien no era nada perfecto, él pecó, y a veces en manera extraordinaria. Pero él sabía quién era, conocía sus deficiencias, y a pesar de todos sus defectos, la Biblia nos dice que Dios lo amaba, que él era un hombre conforme al corazón de Dios (vea 1 Samuel 13.14).

Esa frase es un gran misterio, dados los defectos de David y su pasado escabroso. ¿En serio? ¿Un hombre conforme al corazón de Dios? Pero esto es lo que yo rescato de esta frase: David vivió una vida valiente, una vida honesta, una vida complicada. No vivía en temor, no vivía tratando de cumplir las expectativas de otros. Cuando él se sentía feliz, gritaba; cuando estaba en angustia, lloraba; cuando estaba ansioso o deprimido, no lo escondía. Él escribió salmos dolorosos y crudos que hablan de eso.

Cuando el arca del pacto llegó a Jerusalén, David danzó delante del Señor, lo cual horrorizó a su esposa, Mical (vea 2 Samuel 6.14–16). ¿No sabe lo que la gente puede estar pensando de él? Imagine lo que ella estaba pensando. ¿No tiene vergüenza? ¿No sabe que es el rey? «¡Qué distinguido se ha visto hoy el rey de Israel, desnudándose como un cualquiera en presencia de las esclavas de sus oficiales!», ella dice sarcásticamente en 2 Samuel 6.20.

La Biblia dice que David danzó delante del Señor, medio desnudo, sin esconder nada por dentro o por fuera. ¿Y Mical? Su vergüenza y su preocupación por las expectativas de la gente es algo... muy familiar. Habría que nombrarla santa patrona de la disfunción familiar cristiana.

David danzó, nos dio un ejemplo del gozo que debemos sentir en Dios, el gozo que debemos mostrarles a nuestras familias, pero el mundo nos roba nuestro gozo porque estamos tan atados. Se nos hace tan difícil poder vivir en el momento. Es como si el cristianismo moderno nos desanimase a sentir el gozo verdadero. No podemos mostrar una tristeza agobiante. Se nos anima a ser agradables, se nos anima a que lleguemos a la iglesia con una sonrisa y conversemos cortésmente. Cuando alguien nos pregunta cómo estamos, decimos: «Bien ¿y tú?», aun cuando nos estamos muriendo por dentro. Animamos a nuestros hijos a que digan gracias y por favor, y a que se sienten quietos y tranquilos, y nunca, nunca corran o salten en el santuario.

No me malinterprete, los chicos no deben correr atropelladamente durante la prédica del pastor, o gritar en medio del padre nuestro; pero a veces, en nuestro esfuerzo por esconder nuestros verdaderos sentimientos y para suprimir los de nuestros hijos, desanimamos cualquier tipo de sentimientos, bueno, a menos que cuente la culpabilidad como un sentimiento. Somos muy buenos sintiéndonos mal por lo que hemos hecho y por lo que hemos dejado de hacer, y somos muy buenos en hacer que nuestros hijos se sientan culpables.

Con razón nuestros hijos están diciendo: «Eso no es para mí». Con razón ellos están dejando la fe, ellos dicen: «Tengo una vida, no me quiero sentir culpable todo el tiempo».

Vuelvo a señalar que no estoy diciendo que no hay cosas por las que nos sintamos culpables, no estoy quitando la pasión por el Espíritu Santo. A lo que me refiero es a que tenemos que ser honestos, y entender nuestras flaquezas como seres humanos, como David. No solamente vivir a lo grande, sino aprender en el curso de ese vivir, y tener la capacidad de decir: «¡Dios, perdóname!», desde lo más profundo de nuestro ser. No hubo dos Betsabés, solo hubo una. David aprendió de sus terribles errores, lloraba por ellos... y luego seguía para adelante. La pregunta para nosotros es: ¿podemos darnos nosotros la gracia para aprender de nuestros fracasos? ¿Podemos otorgarles a nuestros hijos la misma gracia?

Esta vida nos va a jalar hacia abajo. Pablo escribe de este tema con frecuencia: «Ahora vemos de manera indirecta y velada, como en un espejo», dice en 1 Corintios 13.12. También habla de un «aguijón en la carne» en 2 Corintios 12.7; «No entiendo lo que me pasa», escribe en Romanos 7.15 «pues no hago lo que quiero, sino lo que aborrezco, eso hago». En Hechos 14.22 Pablo dice: «Es necesario pasar por muchas dificultades para entrar en el reino de Dios». Jesús también habló de esto con mucho detalle. «El ladrón no viene más que a robar, matar y destruir», leemos en Juan 10.10. El pecado es una realidad. Los conflictos, y a veces conflictos grandes, son ineludibles. Al vivir en la carne, vivir en esta vida, vamos a encontrarnos con desastres, conflictos, líos, caos; es parte de los que nos va a pasar.

Pero ¿qué es lo que Jesús dice en la misma oración en Juan 10.10? «Yo he venido para que tengan vida, *y la tengan en abundancia*» (énfasis añadido).

Nuevamente nos encontramos con esa sensación en medio del desastre, esa sensación de esperanza en un mundo caído, esa libertad para danzar.

¿Cómo les damos a nuestros hijos esa libertad para danzar mientras los estamos guiando hacia la santificación? ¿Cómo animamos al gozo a la par que animamos el buen comportamiento y todas las lecciones que sabemos que van a necesitar a medida que crecen?

Hemos recibido una respuesta que pareciera simple: tenemos que relajarnos un poquito, debemos dejar de preocuparnos tanto por las expectativas de otros y ver a nuestros hijos un poquito más como Dios los ve. Y lo que es más importante, tenemos que darles a nuestros hijos la gracia para que cometan errores, para que fallen de vez en cuando, y aprendan de esos fracasos.

Pero, aunque sea tan fácil de decir, puede ser extremadamente difícil ponerlo en práctica.

Familia de acogida

Al escribir este libro en el 2016, la familia Daly ha aumentado dos hijos más. Tenemos un par de hijos de acogida con nosotros, de tres y cinco años. No podemos usar sus nombres verdaderos, así que los llamaremos

John y Jerilee. Los estamos cuidando mientras su mamá está tratando con algunos asuntos legales y pone su vida en orden.

Estamos felices de hacerlo, aunque Jean es quien tomó la iniciativa. El resto de la familia estaba un poco reticente, pero estos niños necesitaban un poquito de estabilidad en sus vidas, aunque a corto plazo, la curva de aprendizaje para todos pueda ser muy elevada. Estos niños tienen que aclimatarse a una nueva mamá y un nuevo papá, nuevos hermanos y nuevas formas de hacer muchas cosas. Pueden estar luchando con expectativas diferentes y hábitos diferentes. Puede ser algo desconcertante. Siendo un exhijo de acogida yo mismo, sé lo que se siente.

Pero no es nada fácil para la familia anfitriona tampoco. Recibir a nuevos hermanos y hermanas en el hogar es siempre un reto, aun cuando son pequeñitas pizarras en blanco recién traídas de la maternidad. Pero los hijos de acogida, ya son o están llegando a ser sus propios yo. Muchos vienen de hogares difíciles que han dejado cicatrices serias en sus almas. Puede que tengan problemas de comportamiento o problemas con la confianza. A pesar de que acoger a chicos es una forma maravillosa y hermosa de hablarle al corazón de alguien, y puede ser muy gratificante para todos los que estén involucrados, cada situación de acogida trae sus propios retos, cada una tiene sus dificultades, y las familias de acogida los esperan.

Así que cuando abrimos nuestra familia a Jerilee y John, no fue una decisión que ninguno de nosotros tomamos ligeramente. Sabíamos que estos niños ya habían pasado momentos bastante difíciles. Provenían de un trasfondo diferente al que nosotros estábamos tratando de proveer para Trent y Troy; de cierta forma, era un mundo diferente, y nosotros habíamos tomado la determinación de ser los mejores padres que pudiésemos ser para estos niños durante el tiempo que estuviesen con nosotros.

Honestamente, yo no soy tan bueno con nuestros hijos de acogida como lo es Jean. Probablemente no soy tan atento como debería ser, es algo un poco raro, dado mi trasfondo, pero Jean es maravillosa con los niños, de verdad lo es: juega con ellos, les lee libros para que duerman en la noche, y hace todo lo que puede para asegurarse de que estén disfrutando de un hogar seguro y amoroso. Si derraman algo o cometen un error, en lugar de molestarse, lo pasa por alto con una sonrisa y una carcajada. Jean tiene una capacidad increíble de servir a esos niños, ella es la imagen viva de lo que es la gracia.

Yo trato de seguir su ejemplo lo más que puedo. Queremos darles a estos niños la mayor cantidad de comodidad y seguridad que podamos mientras estén aquí. No quiero sobreespiritualizar el asunto, pero tratamos de ser modelos de Jesús para ellos. Queremos mostrarles cómo son su amor y su gracia, con la esperanza de que ellos puedan llevar consigo un toque del reflejo de Dios por el resto de sus vidas.

Mientras que tenemos la esperanza de que estos hijos de acogida nos estén observando y aprendiendo, puede que nos hayamos olvidado de que Trent y Troy también están observando y aprendiendo. Un día, cuando ellos pensaban que Jean y yo estábamos fuera del alcance del oído, los escuchamos conversar entre sí.

«Sería grandioso si mamá y papá nos tratasen a nosotros como tratan a esos hijos de acogida», dijeron.

¡BUM!

Nosotros los cristianos entendemos lo que es la gracia, sabemos cuál es su significado más que cualquier otra persona, y podemos ser tan buenos en derramar de esa gracia sobre otras personas: los pobres, los que sufren, las viudas, los hijos de acogida. Sé de cristianos que han dado empleo a asesinos condenados, y han abierto sus hogares a vagabundos. Según un estudio realizado por Connected to Give, cuanto más religiosa sea una persona, hay mayor posibilidad de que sea caritativa.[2] Otras fuentes dicen que la gente dio cerca de 265 mil millones de dólares a caridades en el 2015, un tercio de esa cantidad a organizaciones religiosas.[3] Según el grupo Gallup, cerca de dos tercios de estadounidenses se ofrecieron como voluntarios en el 2014, y los investigadores descubrieron que hay más probabilidad de que los cristianos reporten haber hecho donaciones y haber servido como voluntarios, más que aquellos que no tienen ninguna afiliación religiosa.[4] Aun los ateos notan la dedicación de los cristianos para mostrar el amor de Dios y su gracia en formas pragmáticas e importantes. Una publicación de Minessota Atheists dice: «Ante todas sus fallas teológicas, los cristianos tienen bien claro lo que son las obras de caridad».[5]

Pero si la caridad empieza en el hogar, ¿por qué a veces se nos hace difícil mostrar caridad en nuestros *propios* hogares, con las personas más cercanas a nosotros? Sabemos que el mundo es un lugar caótico, y que vamos a vadear en ese mundo con ambos pies y una sonrisa en nuestro rostro, pero si vemos una habitación desordenada y en caos, les caemos a nuestros hijos con mano dura.

Guardamos nuestra gracia para los desconocidos, reservamos nuestra tolerancia para aquellos que la «necesitan». Pero en las familias cristianas, con mayor frecuencia operamos mucho más en un ciclo de expectativa y recompensa. Ponemos énfasis en: si te portas bien, vas a recibir una recompensa, pero si te portas inapropiadamente, vas a ser castigado. Es como si pensáramos que estamos criando ratas de laboratorio, no hijos de Dios: resuelve el laberinto y recibirás un grano de comida; haz un movimiento en falso y recibirás un shock eléctrico.

Es tan diferente a lo que Dios hace con nosotros, ¿no? Él no espera que seamos perfectos, él anticipa el caos, sabe que somos un desastre. «Quiero que vivan una vida que es el reflejo de Mi carácter», nos dice. «Pero no los juzgo por su comportamiento, eso ya lo tengo cubierto». Ustedes son míos no por lo que han hecho, sino por lo que yo he hecho por ustedes.

Dios nos dice que nos ama, y a medida que llegamos a entender ese amor más y más, deseamos seguir su ejemplo más y más. No funciona al revés, donde Dios dice que si nos portamos bien él nos va a amar. Pero a veces ese es el mensaje que les transmitimos a nuestros hijos, ¿no? Les pedimos que nos obedezcan, que tengan un compromiso inquebrantable con nuestras reglas, les pedimos que sean perfectos, y nos olvidamos de que los desastres que a veces cometen son parte de su crecimiento. Hacen desastres porque así nacieron, y todavía están aprendiendo. al igual que nosotros.

El verdadero artista es Dios

Sé que tenemos que disciplinar a nuestros hijos, sé que tenemos que darles herramientas para que lleguen a ser hombres y mujeres felices y exitosos, y no podemos hacerlo validando y aceptando cada palabra y acción.

Pero, por lo general, lo que hacemos como padres va más allá del campo de la corrección, cae en el campo de la *recreación*. Pensamos que nuestros hijos son como un pedazo de arcilla que puede ser moldeada en cualquier forma que nosotros queramos, y nos olvidamos de que Dios ya tenía algo planeado para nuestros hijos antes de que nosotros los hayamos visto. En Salmos 139.13–14 leemos: «Tú creaste mis entrañas; me formaste en el vientre de mi madre. ¡Te alabo porque soy una creación admirable! ¡Tus obras son maravillosas, y esto lo sé muy bien!».

Según se dice, Miguel Ángel dijo una vez con respecto a una de sus estatuas: «Vi el ángel en el mármol y lo tallé hasta que lo dejé en libertad».[6] Cuando uno lee su filosofía del arte, se percata de que el gran artista del Renacimiento creía que su talento no era el resultado de tomar un trozo de nada, un bloque de mármol o un pedazo de arcilla, y convertirlo en *algo*; él veía *algo*, algo hermoso dentro. Se dice también que dijo: «Cada bloque de piedra tiene una estatua en su interior y es la tarea del escultor descubrirla».[7]

Quizás esa sea la tarea principal de las mamás y los papás también. Hemos recibido estas... cosas, estos niñitos pequeños, que comienzan sus vidas chillando y gritando, y en los siguientes dieciocho o veinte o veinticinco años, trabajamos en sus vidas, puliéndolos y moldeándolos, sacando la belleza, la maravilla y la grandeza que Dios les ha dado. No es nuestra tarea como padres moldear y tallar y golpear a nuestros hijos hasta que tomen la forma que nos agrade a *nosotros*, aunque tenemos una tremenda influencia en quienes lleguen a ser nuestros hijos. No debemos usar nuestras reglas y expectativas para hacer alguien a nuestra propia semejanza. Dios creó a nuestros hijos, y él los hizo hermosos. Debemos entrenarlos en la sabiduría de Dios y debemos proveer límites; ¡pero también debemos evitar arruinarlos!

Como todo artista sabe, es bastante trabajo, es trabajo sucio. Vaya al estudio de un pintor, es muy probable que verá manchas de pintura en las paredes y los pisos. Vaya al taller de un escultor y verá tierra y polvo y pedazos de roca por todos lados. Siéntese con una banda a la hora del ensayo, y va a oír notas que parecen aullidos. Mire sobre el hombro de un escritor y verá cuántas palabras borra por cada palabra que usa.

El desorden y la suciedad son parte de la creación, son parte de la vida. Nuestra tarea como padres no es evitarlos, sino aceptarlos y a veces celebrarlos, porque de ese desorden y esa suciedad puede salir algo hermoso.

✦

TERCERA PARTE

La localización y resolución de los problemas

Capítulo Siete

EL JUEGO DE LAS ACUSACIONES

✦

C raig era la vida de la fiesta.

Aunque la mayoría de la familia de Jean tiene una historia de depresión, el hermano de Jean parecía la última persona que pudiese dañarse a sí mismo. De hecho, sabíamos que había tenido algunos contratiempos últimamente. Su negocio en el condado de Orange, en California, había estado pasando por dificultades, pero cada vez que yo lo veía él todavía tenía ese espíritu amante de la diversión, aún se veía como el tipo que haría lo que fuese por ayudarle a uno. Nunca mostró señales de desesperación.

Pero Craig desapareció, y mientras Jean y yo esperábamos que nos avisaran algo, nos preocupamos, oramos y preparamos para lo peor.

Obviamente fue un día difícil y estresante, y más incómodo por el hecho de que teníamos huéspedes, unos amigos de Jean de la escuela secundaria, que estaban mudándose a nuestra área y se estaban quedando con nosotros por un par de semanas mientras buscaban una casa. Ambos conocían no solo a Jean sino también a Craig, ellos estaban luchando con esta crisis junto con nosotros. Y aunque Jean encontró cierto consuelo en su compañía, debo confesar que era un poquito incómodo para mí. Yo no los conocía tan bien, pero juntos tratamos con la incertidumbre lo mejor que pudimos. Fue un día largo y terrible, y estaba a punto de ponerse peor.

La llamada entró tarde esa noche, casi a la media noche, cuando Jean y yo nos estábamos alistando para ir a dormir.

Craig se había suicidado.

¿Tengo que describir cómo nos sentimos en esos momentos? El dolor, la tristeza apabullante, la ira dirigida a nosotros ¿porque podríamos haber hecho algo, o deberíamos de haber hecho algo? Yo sentía como si me hubiesen dado un puñetazo en el estómago. No podía ni imaginar cómo se estaba sintiendo Jean; su hermano estaba muerto.

En momentos como ese, el mundo deja de dar vueltas por un momento, todo se congela mientras que la angustia lo baña a uno como una marea cubriéndolo de dolor. Uno quiere parar, uno quiere enterrarse en sus emociones hasta poder encontrar el sentido de todo lo que está sucediendo, hasta que pueda enfrentarse con el mundo de nuevo.

Pero el mundo no lo permite, la vida continúa. En esos momentos tomamos decisiones que pueden impactarnos profundamente y dejarnos con cicatrices profundas. Y en la confusión del momento, aun esas decisiones pueden hacerse borrosas; la realidad misma se puede volver confusa.

Hasta el día hoy Jean y yo no tenemos los mismos recuerdos de lo que pasó esa noche, pero sí sabemos que no nos comunicamos bien. Atribúyalo al dolor, lo tarde que era, el yo no poder pensar bien, el ella estar abrumada con la emoción. Cualquiera que fuese la razón, esta tragedia familiar estaba a punto de tomar un vuelco extraño, un vuelco frustrante.

La tragedia se agrava

Siento que lo que yo recuerdo, francamente, es claro como el agua, o por lo menos eso es lo que a mí me parece. Jean y yo nos enteramos del horror juntos, y en ese momento teníamos que tomar una decisión: ¿debemos avisarles a nuestros huéspedes?

Recuerdo ponerme en plan de acción. Yo, el tipo que se acomoda a las situaciones, que arregla las cosas, que trata con las adversidades de la vida sin sudar una gota. Y a mí, lo que me parecía más sensato era quedarnos arriba y hablar en nuestra habitación; las noticias podían esperar.

Diles mañana, pensé, ¿por qué discutir esto con ellos en estos momentos? *Las cosas seguirán igual mañana, ¿por qué no hablarles en la mañana, una vez que hayas tenido la oportunidad de llorar en mi corazón, en mi pecho? Lloremos por la muerte de Craig juntos, tú y yo.*

Pero Jean tiene que procesar las cosas más abiertamente que yo; ¿esa puerta mía que Jean dice que siempre está cerrada? Su puerta estaba abierta esa noche. Aparte de eso, ella no podía ocultar las noticias a estos amigos de toda la vida. Ella quería que lo supiesen, y tenía toda la intención de ir a decírselos. Por supuesto que yo entendía, entendía la necesidad de decirles a sus amigos, pero pensé que, cuando se trataba de llorar la muerte de su hermano y procesarla, lo haríamos juntos, en privado. No me sentía cómodo en absoluto en descargar este horrendo momento personal con personas que para mí eran casi extrañas. *Ella les dirá las malas noticias*, pensé yo, *vendrá a la cama y procesaremos todo esto juntos.* Es más, yo *sabía* que ella iba a regresar. En mi recuerdo de esa noche, ella me *dijo* que eso era exactamente lo que iba a hacer.

Pero los recuerdos de Jean le dicen algo muy diferente.

Todavía no estamos de acuerdo en *cuál* fue la razón por la que fuimos abajo. Ella recuerda que sonó el teléfono, era la esposa de Craig. Ella y Jean eran muy buenas amigas y hablaban con frecuencia, especialmente en este tiempo tan crucial. Mientras estaban en el teléfono, la esposa de Craig dijo: «Oh no, hay un policía en la puerta de mi casa». Le dijo a Jean que la llamaría nuevamente, y colgó el teléfono. Cuando oyó que colgaba el teléfono el corazón de Jean se desplomó; trató de convencerse de otras razones por las cuales un policía podría haber ido a la casa, pero en lo profundo de su corazón ella sabía que Craig estaba muerto.

Jean recuerda que *no* quería despertar a sus amigos, ella recuerda haber ido abajo y esperado a que el teléfono sonara otra vez, y cuando sonó, sus temores más grandes se habían hecho realidad. Jean recuerda llorar en el teléfono con la esposa de Craig, y colgar después de un buen rato.

Jean recuerda quedarse abajo sollozando, preguntándose por qué era que no bajaba yo para consolarla; recuerda haber llorado tan fuerte que uno de sus amigos, quizás el más cercano a Craig, la escuchó.

En esos momentos tan cruciales, yo pensé que ella les diría y luego *regresaría*; ella pensó que yo *bajaría*.

El reloj avanzó, ambos esperamos el uno al otro; yo, solo en mis pijamas en mi cama, y ella llorando con su amiga abajo. Esperamos por dos horas, y cuando ella subió, ya no estaba solamente lamentando la pérdida de su hermano, ahora ella tenía una nueva herida.

Su perspectiva: *No estuviste presente en el momento en que más te necesitaba.*

Mi perspectiva: *En el momento en que yo quería ser tu apoyo, te fuiste. Te fuiste a hablar con tus amigos de la escuela secundaria en lugar de estar conmigo,*

Ese es probablemente uno de los desacuerdos más grandes en nuestra relación, hasta el día de hoy. Esa noche, y en los meses subsiguientes, Jean sintió que yo había cerrado esa parte de mí que empatiza con su dolor. Era un tema del que no pudimos hablar por una década. El dolor estaba muy presente; la cólera estaba muy cerca de la superficie.

Si pudiésemos tener una segunda oportunidad, la tomaríamos. Yo bajaría o ella subiría. Quizás nos encontraríamos en las escaleras y nos abrazaríamos allí. Al menos nos aseguraríamos de estar en la misma página. Yo tomaría el tiempo para estar a su lado y entender su dolor.

Pero no tenemos repeticiones en esta vida. No hay segundas oportunidades ni pantallas de computadoras que podamos guardar. Las decisiones que tomamos se quedan con nosotros y tenemos que lidiar con ellas de una forma u otra. Perdonar y seguir adelante... o nos hundimos en juicio, dolor e ira.

Culpamos.

Por años Jean y yo nos hemos culpado el uno al otro por lo que pasó esa noche. A veces cuando nos sentimos frustrados o molestos, volvemos a discutir acerca de ese recuerdo, no para encontrar la solución, sino para usarla como municiones para lo que estemos discutiendo. Con más frecuencia está ahí, bajo la superficie, el culpar sin palabras, ese dedo que señala en acusación: *esto es culpa tuya.*

Hasta hoy, cuando pienso en esa noche, yo estoy *seguro* de que ella dijo que regresaría; pregúntele a Jean y ella estará *segura* de que ella no dijo tal cosa. Si tuviésemos una grabación de esa noche, podríamos ir a la repetición instantánea, como un referí de la NFL, y podríamos saber quién dijo qué, podríamos saber quién está en lo correcto y quién está equivocado, pero no hay esperanza de que eso suceda en esta vida. El dolor del momento y la culpa son algo con lo que hemos aprendido a vivir; todavía no hemos resuelto el asunto.

Acusaciones

Se dice que solo hay dos cosas con las que uno puede contar en esta vida: la muerte y los impuestos. Yo añadiría una tercera: culpar a otros. Todo el mundo lo hace. Cuando estamos dolidos queremos culpar a alguien, queremos que alguien sea responsable. Decimos: «Es tu culpa». «Esto sucedió por tu culpa».

No en todos los casos es malo echarle la culpa a alguien, si alguien le da un puñetazo en la cara, o le roba su carro, quiere saber quién lo hizo. Las prisiones están llenas de personas que tienen la culpa de algo, y la mayoría merece estar ahí. Como dirían sus madres, no tienen a quien culpar sino a ellos mismos.

Aun en una familia, a veces es necesario culpar a alguien. Si el pequeño Tommy pone al gato en la secadora de ropa, usted tiene que señalarlo con su dedo, y asegurarse de que no vuelva a suceder; si su hijo deja sus clases o su hija toma una cerveza, tiene que corregir ese comportamiento. Esas situaciones no sucedieron simplemente, alguien tiene la culpa. Y cuando alguien ha cometido una falta, tiene que ser reprendido, y se tiene que corregir el comportamiento. Eso no es ser sentencioso, eso es ser un buen padre. Lo mismo ocurre en nuestra relación con nuestros cónyuges; cuando nos portamos como patanes, ¿quién más nos lo va a decir?

Cuando Jean y yo nos envolvemos en una discusión acalorada respecto a los chicos, a veces ella me mira y me dice: «¿Sabes qué? Tú crees que eres perfecto Jim, pero no lo eres, no eres el padre perfecto». ¿Y sabe qué? Ella tiene razón, y es justo que me lo diga. A veces me doy una calificación más alta de la que merezco, y *necesito* esa flechita de duda para pinchar mi percepción de perfección.

Pero con mucha frecuencia en nuestras familias, la culpa toma dimensiones extrañas y a veces espantosas. Dejamos de mirar a la culpa como el primer paso hacia la corrección y pensamos en ella como el último, preferimos castigar al ofensor y no a la ofensa. Usamos nuestras imperfecciones como excusas para tratarnos terriblemente entre sí, en lugar de usar la gracia de Dios para animarnos mutuamente.

A veces le llamamos el juego de culpar a otros, y en algunas formas verdaderamente lo tornamos en un juego. Se convierte en una ronda de Monopolio malintencionada en la que el objetivo es golpear a nuestros oponentes hasta que lleguen a la bancarrota emocional, para avergonzarlos y quebrarlos, para herirlos como nos hirieron a nosotros. Cuando el juego de culpar a otros se pone intenso, ya no se trata de que nosotros nos veamos *mejor*, sino de hacer que nuestros oponentes, nuestros cónyuges y nuestros hijos se sientan *peor*. Aquí no hay tarjetas de estacionamiento gratis, ni la tarjeta de salir de la cárcel. Cuando jugamos este juego, lo jugamos juntos en una prisión construida por nosotros mismos.

Aun cuando establecemos los fundamentos, hablamos y reímos, y obedecemos la regla de oro, nuestra inclinación de culpar a otros nunca se va. No podemos deshacernos de ella. Cuando las familias luchan, con frecuencia parece que la culpa es un componente enorme.

¿No me cree? Simplemente mire las historias en este libro.

En el capítulo uno, conté la historia de mi amigo y su esposa Kathy, quienes descubrieron que su hijo estaba mirando pornografía. «¿Cómo pudimos dejar que esto sucediera?», dijo Kathy. Luego señaló con el dedo de la culpa a su esposo. «¿Cómo pudiste dejar *tú* que esto sucediera?».

Les dije de Casey y Doug, quienes se enfrentaron con el embarazo inesperado de su hija. ¿Qué es lo primero que su padre le dijo? «Nos has decepcionado». *Esto es tu culpa*, es lo que él le estaba diciendo. *Yo te culpo a ti*. Aun si hubiese tenido la razón, y sí la tenía, ese último golpe fue doloroso y nada útil.

Prácticamente cada historia en este libro tiene en su origen un grano de culpa. No podemos deshacernos de ella. No podemos escaparnos de la culpa en la vida familiar. Tiene una influencia penetrante en nuestros hogares tal como lo son el amor y el afecto. Cuando nos obsesionamos con la imperfección, cuando nos sentimos preocupados con lo que *debería* ser nuestra familia, sentimos que tenemos que descubrir qué salió mal cuando nuestra familia es menos que perfecta; entonces la culpa brota inevitablemente.

Las familias son terrenos fértiles para la culpa. Comienza con mamá y papá echándose la culpa entre sí por sus faltas y diferencias. Los hijos aprenden a echar la culpa desde el momento que niegan haberse comido esa galleta antes de la cena. ¿No puede ver esa película? échele la culpa a papá; ¿no le gusta la comida?, échele la culpa a mamá. Tenemos tanto control e influencia en la vida de nuestros hijos que de seguro vamos a entristecerlos de vez en cuando; es parte del trabajo.

Pero a veces perdemos de vista el hecho de que también, y quizás sin intención, a veces culpamos a nuestros hijos por hacer que *nuestras* vidas sean más difíciles. Los culpamos cuando despiertan chillando a las dos de la mañana y no dejan de llorar; los culpamos porque no aprenden a usar la bacinica; a veces nos frustramos porque nuestras vidas sin hijos se veían tan glamorosas comparadas con las vidas que tenemos ahora que somos padres. Tiramos nuestras manos hacia arriba en exasperación por sus notas, porque sabemos que eso nos va a forzar a que tengamos que tratarlos con dureza hasta que mejoren. Nos quejamos y volteamos los ojos cuando derraman la leche, *otra vez*.

Lo último resuena conmigo. Cuando los chicos eran más pequeños, parecía que cada mañana había leche derramada en el piso. Yo los atacaba verbalmente, a veces hacía un chiste del cual nadie se reía: «guau, miren, Troy derramó la leche *otra vez*». Le preguntaba cuándo iba a aprender a mantener la leche en el vaso, como la gente normal, y mientras me burlaba de él, se podía ver claramente que lo estaba culpando. Con mis suspiros y el voltear de los ojos le estaba diciendo: *me has fallado*, o *eres muy descuidado o muy tonto que no puedes hacer lo que la mayoría de las personas pueden hacer cuando tienen cuatro años.*

Un día, Troy se volvió hacia mí y me dijo: «Pero papá, es solo leche». ¿Y sabe qué? Él tenía toda la razón. Derramar la leche no es una falla moral, no es una señal de estupidez. No es que la leche fuese a quemar el piso. No es que tener que comprar media botella de leche antes de lo planeado nos iba a mandar a la bancarrota. Mi actitud no tenía nada que ver con querer corregir el comportamiento de Troy, sino que tenía que ver conmigo, con mi necesidad de culparlo por otro pequeño dolor en mi día, mi molestia de tener que lidiar con una suciedad más.

Nos sucede a todos, pero solo es leche derramada, no debemos llorar por eso. Lloramos y nos quejamos por muchas cosas en nuestras vidas que no valen la pena nuestras lágrimas; echamos la culpa cuando no vale la pena.

Tenemos que tener cuidado de darnos cuenta cuándo culpamos a nuestros hijos injustamente o desproporcionadamente con lo que hayan hecho. A veces la culpa que ponemos a los pies de nuestros hijos puede dejar heridas profundas para toda la vida.

Hace años, los doctores Tom y Beverly Rodgers se unieron a nuestro anfitrión invitado Frank Pastore en el programa de Focus on the Family. Ambos provenían de familias disfuncionales que los habían dejado con muchas cicatrices profundas. La mamá de Beverly había abusado de ella emocionalmente, y Beverly habló de esto en el programa.

«Frank a mí me dijeron cosas como: no sirves, nunca vas a llegar a ser alguien, como quisiera que no hubieses nacido. Soy una madre soltera con cuatro hijos, por eso nadie me desea».

Ella le dijo a Frank que su mamá le había dicho que hubiese querido poder abortarla, y Frank confesó que su mamá le había dicho lo mismo a él: «Quisiera haberte abortado».

Frank dijo: «Tengo cincuenta y un años, y... y todavía el recuerdo de esas palabras me hace lagrimear».

Como padres muchos de nosotros podemos leer esto y pensar *qué madres monstruosas le dirían algo así a un hijo*. Parece impensable; nosotros *nunca* les diríamos tal cosa a nuestros hijos. Aunque no llegásemos a ese extremo, palabras inesperadas y humillantes pueden salir de nuestros labios cuando nos frustramos y nos molestamos. A veces decimos cosas impensables, cosas que ni creemos. Cuando estamos bien metidos en el juego de culpar a otros, decimos cualquier cosa para ganar, decimos cualquier cosa para enojar a alguien. Pero lo que decimos, intencionalmente o no, deja cicatrices.

No, más que cicatrices, heridas abiertas.

Tom y Beverly dicen que todavía están lidiando con el bagaje como resultado de sus familias disfuncionales. Eventos que parecieran no estar relacionados pueden hacer estallar en ellos olas de ira casi incontrolable o tristeza. Esa es la razón por la cual han escrito el libro que los trajo al programa: *Becoming a Family That Heals* [Cómo ser una familia que sana].[1]

«Escribimos el libro básicamente porque queríamos que la gente supiese que uno puede provenir de una familia sumamente pobre, de una familia nada saludable, y criar buenos hijos», dijo Beverly. «No sin cometer errores; todos vamos cometer errores, pero... hay esperanza, no tenemos que sentir que vamos a fracasar criando a nuestros hijos».

Aun cuando honestamente estamos tratando de corregir a nuestros hijos, la culpa puede volverse algo dañino con mucha rapidez. La culpa dañina, especialmente cuando la enfocamos sobre nuestros hijos, rápidamente se torna una forma de rebajar a alguien, se vuelve un ejercicio de humillación y condenación, dos de las armas más destructoras en nuestro arsenal. Pensamos que de alguna manera la culpa va a hacer que nuestros hijos sean mejores. Los humillamos para que traten mejor a sus hermanos y hermanas, los degradamos por la D que sacaron en álgebra, los vamos a hacer sentir tan mal que nunca van a volver a derramar la leche. Al final terminamos creyendo que algo bueno puede resultar de hacer que alguien se sienta mal.

Queremos que haya una convicción espiritual, pero lo que hacemos al final de cuentas es que tiramos a nuestros seres queridos en una prisión emocional.

Todo vuelve al tema de nuestra obsesión con la perfección. Queremos que las cosas sean perfectas, y cuando no lo son, tenemos que culpar a alguien. Todas las familias juegan este juego, los Dalys también.

Conozco la satisfacción de ganar el juego. Cuando llego a casa y encuentro caos en el hogar: los chicos se están peleando, el lugar es un desorden y parece que toda la casa va a explotar, mi primera reacción es culpar a alguien, después de todo *yo* no había estado ahí, y no tenía nada que ver con la razón por la cual Trent y Troy estaban gritando, así que miro a Jean y pregunto: «¿Qué está pasando aquí?», pero mi tono dice algo diferente: *tú* has fallado Jean, *esta vez hiciste un mal trabajo.* Es como si yo estuviese culpando a Jean por haber perdido el control de la casa.

No es una respuesta saludable, pero dudo que yo sea raro. Cuando algo sale mal tenemos la tendencia de mirar fuera de nosotros para averiguar que pasó, y más importante, quién es el culpable. Buscamos a alguien a quien culpar. Y quizás mi personalidad hace que yo sea más susceptible, me gusta ganar, me gusta tener la razón. Cuando juego cualquier juego, lo hago para ganar, y eso incluye el juego de culpar a otros.

Así que la pregunta es: ¿cómo podemos responder de manera más saludable? ¿Cómo puedo yo, en lugar de llegar y acusar a Jean de haber permitido que el caos domine toda la casa, entrar con un corazón más abierto? ¿Cómo podemos todos aprender a poner en una repisa la culpa que no es necesaria y restaurar un sentido de gracia y amor?

Cómo parar el juego

Restaurar el sentido de gracia y amor no es tan fácil como nos gustaría que fuese; pero si seguimos algunos principios nos van a ayudar a encontrar una manera de seguir adelante.

Escuche

Cuando comenzamos a jugar el juego de echarle la culpa a otro, a la mayoría nos gusta tirar los dados primero. Estamos ofendidos, estamos enojados, tenemos mucho que decir y lo vamos a decir en el acto. Abrimos la conversación y queremos la última palabra, y también vamos a dar cuantas punzadas podamos, y vamos a gritar cuanto podamos en medio de todo.

Si nos esforzamos, la mayoría podemos anticipar cuando estamos en peligro de lanzarnos al juego de culpar a otro. Entramos en territorio peligroso cuando practicamos toda la discusión en nuestras mentes de antemano, o cuando comenzamos a pensar en soliloquios, discursos que no dejan lugar para la refutación, y si tratan de refutarnos, ya tenemos nuestro contraargumento bien planeado.

Pero creo que soy mejor esposo y mejor papá cuando no entro con toda la fuerza con mis argumentos; soy mejor cuando trato de *ayudar*, no cuando trato de *ganar*.

Trent tuvo dificultades en la escuela el año pasado, a pesar de ser tan inteligente. A veces pienso que es el más inteligente de toda la familia, y las notas de sus exámenes lo demuestran, pero como muchos adolescentes, la motivación ha sido un problema. Desde el comienzo hasta el final del año escolar, sus notas se convirtieron en un punto de fricción casi constante en la familia, una fuente constante de culpa, y había mucha culpa para compartir.

Por supuesto que técnicamente, parte de esa culpa era justificada. En realidad era la culpa del mismo Trent. Y dudo que hubiese algún momento cuando, por lo menos desde la perspectiva de Jean, nuestras discusiones constructivas en algún momento fuesen solamente con la intención de ganar el juego. ambos simplemente estábamos tratando de hacer que hiciese su tarea, que estudiase más, que tomara los pasos que todos sabíamos que él *necesitaba* para ser exitoso.

Sin embargo, parecía que nada estaba dando resultado. Nos frustramos más. Nuestro ánimo se volvió más punzante, lo cual exasperaba más a Trent. Jean me culpaba por no ser tan duro con Trent, y yo culpaba a Jean por ser *muy* severa. Nos echábamos la culpa por todos lados; la temperatura emocional de nuestro hogar seguía subiendo.

Pero una noche, casi al final del año, yo entré a la habitación de Trent para conversar. No tenía un discurso planeado ni quería discutir, solo quería conversar, y lo más importante, quería escuchar.

«¿Qué pasa?». «¿Qué sucede con tus notas?».

Hasta las preguntas pueden transmitir el bagaje de la culpa. Es fácil ver que esas palabras pueden sonar más como una acusación que como una pregunta honesta. Pero yo verdaderamente quería saber qué estaba pasando, quería que él me lo dijera, así que mantuve el tono de mi voz calmado y suave.

Con frecuencia, cuando jugamos al juego de culpar a otros, cuando estamos tratando de ganar y no de ayudar, todo lo que decimos puede enfurecer a la persona con quien estamos hablando. Nos ponemos a la ofensiva, y nuestros cónyuges y nuestros hijos automáticamente se ponen a la defensiva, ¿y quién los puede culpar? Pero cuando entramos a una conversación con las manos abiertas, con una sonrisa y la disposición de escuchar, las defensas se bajan un poco, el fuego disminuye, y una confrontación se vuelve una conversación.

Esta no era la primera vez que yo había hablado con Trent acerca de sus notas, y dudo que sea la última; pero esa noche no fui a decirle a Trent lo que debería hacer, yo quería escucharlo, quería escuchar su lado de la historia, quería que él se abriese conmigo.

Y lo hizo.

Sea honesto

«¿Qué pasa?», le pregunté.

«No sé», me dijo en voz baja. «Me siento a estudiar, con toda la intención de hacerlo, pero me distraigo, no me puedo concentrar, y comienzo a pensar en todas las otras cosas que podría estar haciendo».

«Sé lo que tengo que hacer», dijo Trent. «Tengo que estudiar, pero no me puedo disciplinar a hacerlo».

Así comenzó una buena conversación, una de las mejores que Trent y yo hayamos tenido acerca de sus notas. No resolví nada, por así decir, pero la tensión que todos sentíamos, por el momento, se evaporó; todo el veneno se vació. Por primera vez después de un buen tiempo comenzamos a hablar los unos *con* los otros acerca de un tema importante, en lugar de hablarnos simplemente los unos *a* los otros.

Me gustaría pensar que la actitud con la que yo entré sirvió como catalizador para que la conversación haya ido tan bien; pero nuestra conversación no hubieses podido terminar en nada si no hubiese sido por la honestidad desbordante de Trent.

Él no trató de culpar a sus maestros o a la escuela, no trató de culparme a mí o a Jean por ser muy duros o no muy comprensibles, él se culpó a sí mismo. Miró el asunto con claridad y honestidad, y supo que la falta, a final de cuentas, era suya.

Para la mayoría de nosotros es difícil este tipo de autoevaluación honesta. Cuando le echamos la culpa a alguien, casi siempre son otros los culpables. Todos nos vemos como los héroes en nuestras propias historias, y los héroes no cometen muchos errores. Parece que cuando discutimos, especialmente cuando nos lanzamos al juego de culpar a alguien, lo primero que asumimos es que nosotros tenemos la *razón*, y depende de nosotros mostrarles a nuestros cónyuges, a nuestros hijos y al mundo entero cuánta razón tenemos.

La Biblia nos dice que eso es hipocresía, así de simple.

Jesús nos dice: «¿Cómo puedes decirle a tu hermano: "Déjame sacarte la astilla del ojo", cuando ahí tienes una viga en el tuyo? ¡Hipócrita!, saca primero la viga de tu propio ojo, y entonces verás con claridad para sacar la astilla del ojo de tu hermano» (Mateo 7.4–5).

Un gran número de esposos, esposas, hijos e hijas están caminando con vigas en sus ojos, quizás con árboles enteros.

Cuando Jill Savage fue una invitada en nuestro programa hace unos años, le contó a nuestra audiencia cómo con frecuencia ella culpaba a su esposo por las cosas que afligían a su matrimonio y a su familia, desde el inicio le hacía ver sus faltas sin perder tiempo. Luego, un día, mientras trabajaba en un estudio bíblico llegó a este mismo pasaje, el hermano con la paja en su ojo; en ese momento vio algo diferente escrito en su Biblia: en lugar de hermano, ella vio esposo.

«Yo sé que no hay versión de la Biblia que diga: "esposo", pero le prometo que Dios cambió las palabras de esa página para mí ese día», dijo ella. «Y honestamente él sacó la viga que estaba en mi ojo y me dio un golpe en la cabeza con ella». Ese momento fue el primer paso para sanar la relación inestable entre Jill y su esposo.

La habilidad de mirarse a uno mismo honestamente, y dolorosamente, puede ser de mucho beneficio para parar el juego de culpar a otros antes de que comience. Cuando pienso en las lecciones de mayor importancia que los padres pudiesen enseñarles a sus hijos, esta se encuentra a la misma altura de la regla de oro. Uno les enseña a sus hijos cómo tratar a los demás y les enseña a mirar sus propios corazones.

La verdad es importantísima en nuestras relaciones. Vuelvo a referirme a Jesús, la Verdad máxima. ¿Qué le dijo a Poncio Pilato cuando le preguntó si él era el rey de los judíos? Jesús podría haber dicho: sí, y he venido a salvar al mundo. Lo cual era verdad, y hubiese sido una respuesta poderosa; pero él no dijo eso, sino que respondió: «Eres tú quien dice que soy rey. Yo para esto nací, y para esto vine al mundo: para dar testimonio de la verdad. Todo el que está de parte de la verdad escucha mi voz.» (Juan 18.37).

La verdad, él es el autor de la verdad, él *es* la verdad. Cuando leo la Biblia, no veo nada más *sino* la verdad, la verdad que a veces es dolorosa y vergonzosa. Las personas de las que leemos en las Escrituras no son versiones retocadas de Facebook en las que muestran solo lo mejor de ellas, sino que están llenas de fallas. Las lecciones que aprendemos en las Escrituras no son nada correctamente políticas. Quizás no quisiéramos ver la verdad en ellas, a veces sería mejor si no las viésemos; pero Dios no esconde la verdad, siempre está ahí. Seguro, a veces tratamos de enterrarla, por medio de la negación, por medio de nuestra propia vanidad y por medio de nuestras debilidades y adicciones. Tiramos muebles encima de la verdad y la encerramos en un clóset. Pero Dios no nos deja enterrar la verdad a una profundidad que no podamos encontrarla.

Nosotros, los cristianos, somos personas educadas en la verdad, y las personas que pertenecen a la verdad deben ser personas honestas. Y eso comienza en nuestros propios corazones, mirar dentro de ellos con la mayor claridad y con la mente lo más clara que podamos; tenemos que ver las vigas.

En el Evangelio de Juan, Jesús nos dice: «La verdad los hará libres» (Juan 8.32). Por supuesto que Jesús estaba hablando de Su verdad, quién era él y lo que vino a hacer; pero este versículo tiene mucho significado para nosotros en este contexto también. Si conocemos la verdad en nuestras propias vidas, lo que pasó verdaderamente para activar el juego de culpar a otros, y si estamos dispuestos a ver la verdad sinceramente, mucha de la culpa improductiva que ponemos a los pies de otros desaparecerá.

Pero *saber* la verdad puede ser un asunto complicado en sí. Esa noche terrible del suicidio de Craig es prueba de ello. Tanto Jean como yo creemos que sabemos lo que pasó, pero uno de nosotros está equivocado, quizás ambos estamos equivocados. Y aun cuando *pensamos* que conocemos la verdad, la verdad puede ser incierta.

Ríase

¿Quiere que le cuente de otra fuente de fricción en la casa de los Daly, otro tanque de culpa? Los batidos.

Ya le he contado que ese es mi punto débil, y cómo mi mamá me traía un batido de su trabajo a la casa y lo dejaba en la nevera, y yo lo tomaba en el desayuno al día siguiente. Para mí, los batidos son más que un gustito dulce y fresco, son algo que me trae consuelo y me hacen sentir bien. Con su tono suave y glacial me susurran al oído: *familia.* Incluso cuando mi mamá no estaba presente todo el tiempo, los batidos me hacían recordar lo mucho que me amaba.

Bien, ¿sabe qué? Ahora soy un trabajador adulto que no para tanto en la casa como me gustaría, de lunes a viernes estoy en la oficina la mayor parte del día, solo tengo unas cuantas horas al atardecer para pasarlas con mis hijos. Y cuando su hora de acostarse era más temprano en los años anteriores, ese tiempo era aun más valioso, yo llegaba a la casa y al poco tiempo, los chicos se marchaban a la cama.

De modo que los fines de semana se convirtieron en tiempo con papá. Jean se quedaba por lo general en la casa mientras los chicos y yo salíamos y hacíamos algo por la mañana, y casi siempre, almorzábamos después. Lógicamente, les dejaba que pidiesen un batido. Aunque yo he dejado de tomarlos, no hay razón por la que mis muchachos no puedan disfrutar de un poco de bondad familiar azucarada.

Pero cuando Jean piensa en los batidos, ella no piensa en familia; ella piensa en calorías, azúcar, dientes picados e hiperactividad. *Los buenos padres no dejan que sus hijos tomen batidos todas las semanas*, es su razonamiento. Así que se molestaba conmigo y me sermoneaba: «Los chicos tienen que comer cosas saludables», era lo que me decía. Los chicos no se estaban alimentado bien y *era mi culpa*; ella *nunca* les permitiría comer lo que yo les dejo comer.

Yo no iba a dejar que me echara toda la culpa sin tener pruebas, así que en el curso de las siguientes semanas llevé la cuenta de cómo comían Jean y los chicos cuando yo no estaba en la casa; si me quedaba a trabajar tarde, llamaba a Jean y le preguntaba qué habían comido esa noche.

«Oh, compramos un poco de comida rápida», me decía.

«¿*Otra vez?*», yo replicaba con asombro burlón.

Al final de ese tiempo, salieron los resultados, yo era, sin comparación, el padre más responsable nutricionalmente. Por supuesto que Jean no me creía. Hasta el día de hoy, ella cree que yo estoy muy mal por dejar que los chicos consuman azúcar; claro que yo sé que no es así, ¿pero qué podemos hacer al respecto? Reírnos de la situación.

Ahora, la risa no es la cura para todo. Hay ciertos asuntos de los cuales no nos podemos reír, cuando las emociones están muy sensibles, y la culpa puede ser muy profunda, pero, por lo general, la risa nos puede sacar del juego de culpar a otro sin que nadie gane y llevarnos a un lugar donde... bueno, aun nadie gana pero no es gran cosa, y ese lugar es mejor.

Sea cortés y humilde

Cuando Jesús anduvo en esta tierra, encontró muchas cosas incorrectas en ella, cosas incorrectas en nosotros. Si alguien tenía razón para condenarnos o avergonzarnos, hubiese sido Jesús, pero era raro ver a Jesús avergonzar a alguien, él era muy directo, aunque cuando sacaba las armas de peso de la retórica, como cuando compara a los fariseos con una generación de víboras, por ejemplo, en Mateo 23.33, no era por los pecados que habían cometido, sino por su hipocresía y legalismo. No los golpeaba por lo que habían hecho, sino por lo que fingían ser: perfectos. Cuando vemos que Jesús confronta a un pecador, vemos a un Mesías muy diferente, vemos a un Salvador amable y perdonador. Él consuela, dirige, protege, y les dice: «Ahora vete, y no vuelvas a pecar» (Juan 8.11). No hay culpa en este escenario, él sencillamente les muestra, nos muestra, una mejor ruta.

Como cónyuge y padre, me pregunto si realmente hemos aprendido del ejemplo de Jesús; caemos en nuestro juego de culpar a otros, y en nuestro juego de humillar a otros, y eso hace que las personas se alejen de nosotros. ¿Quién quiere estar cerca de *eso*? Nadie. Si usted tiene un jefe que lo humilla, usted se busca otro trabajo; si usted tiene un amigo que a menudo le hace sentir sucio, es probable que se busque otro amigo. ¿Por qué reaccionarían de manera diferente nuestros hijos cuando nosotros los humillamos? ¿Qué hijo no estaría molesto y herido?

A veces nosotros los padres nos olvidamos que nuestros hijos son obras en progreso. Nos olvidamos que están en una travesía emocional y espiritual al igual que nosotros, que ellos tienen años de retraso en esta travesía, y no lo tienen todo resuelto, y ¿adivine qué?, *nosotros tampoco.*

Eso es algo muy importante que tenemos que recordar. Cuando hablamos con nuestros hijos y les echamos la culpa, nos olvidamos. Sí, quizás estemos mucho más delante que ellos; seguro, nosotros tenemos algunas cosas importantes bajo control, pero ninguno de nosotros tiene todo resuelto.

Entonces, ¿por qué nos envolvemos en un manto de perfección para el beneficio de nuestros hijos? No queremos jamás que nuestros hijos pongan en tela de juicio nuestras decisiones, así que aplicamos, o a nuestros hijos les parece que aplicamos, la regla parental de infalibilidad: *nosotros no cometemos errores, papá siempre sabe lo que hace, y mamá siempre tiene la razón.*

Eso, por sí solo, puede causar problemas, pero cuando se le añade la culpa, puede ser totalmente corrosivo. Porque cuando echamos la culpa en una forma humillante y degradante, no solamente les estamos diciendo que no son buenos, sino también les estamos diciendo que son peores seres humanos que nosotros, que nosotros somos mejores que ellos. En todo juego está implícito el concepto de llevar la cuenta, y constantemente tratamos de ganar puntos en el juego de culpar a otros; recalco, queremos ganar.

Pero Jesús nos enseñó que a veces para ganar tenemos que perder. Tenemos que darles a nuestros hijos nuestra humanidad de acuerdo a su edad, nuestra flaqueza, nuestra vida quebrada y nuestra inhabilidad.

Es tal como Pablo nos dice en 2 Corintios 12.10: «Porque cuando soy débil, entonces soy fuerte». Tenemos que estar dispuestos a ser humanos.

Quizás eso signifique que tengamos que contarles una de nuestras historias, contándoles cómo éramos realmente nosotros a la edad de ellos. Podemos decirles algo como: «Yo también tuve dificultades con el álgebra». «Es más...». Podemos decirles como *aún* detestamos el álgebra. Claro que debemos tener cuidado en no hacer que estas historias se conviertan en excusas prefabricadas, no queremos que nuestros hijos digan: «Bueno, si mamá nunca entendió la matemática, entonces está bien si yo no apruebo el curso». Pero si se lo contamos a través del lente de nuestra propia experiencia, y cuán importante algo es, aun si no nos gustaba hacerlo, o como hay algunas cosas en la vida por las cuales sencillamente tenemos que pasar, incluso si no quisiéramos, podemos hacer que nuestros hijos sientan que ambos estamos en el mismo equipo. No se trata de yo contra tú; todos estamos del mismo lado. Y cuando seguimos este rumbo, el juego de culpar a otros nunca comienza.

La culpa dañina nunca es la respuesta, siempre hay un camino mejor. Cuando nuestros hijos nos decepcionan, podemos levantarlos; cuando cometen un error, podemos decirles que nosotros también hemos cometido errores.

El final del juego

Tú tienes la culpa.

   Yo te culpo a ti.

   Soy mejor que tú.

   Este es el lenguaje de la culpa. Palabras como estas, aunque no se expresen, pero se comuniquen sin palabras, pueden destrozar a una familia.

   Pero también hay palabras que pueden sanar; permítame sugerirle unas cuantas.

   Todo va a estar bien.

   Lo siento.

Te amo.

No es fácil decir estas palabras cuando sentimos que nos han herido o cuando estamos molestos, ni cuando queremos atacar a alguien verbalmente, ni cuando estamos en medio del juego. Dejar nuestra ira justificada es como ceder ParkPlace y Boardwalk, y así no se gana el juego, ¿no?

Pero el propósito de las familias no es ganar, sino crecer, enseñar y amar. Estamos aquí para darles a nuestros hijos el mejor fundamento que nos sea posible para que florezcan; y muchas veces eso quiere decir poner de lado nuestro orgullo. En lugar de usar nuestro dedo para señalar el error y a quien culpar, lo usamos para señalar un mejor camino e incluso una solución.

En la cruz, Jesús tenía toda la razón del mundo para echarle la culpa a alguien. En realidad todos eran culpables: Pilato, Caifás, los judíos, los romanos, y todos los pecadores que hicieron que su sacrificio fuese necesario. «Ustedes son los *culpables*», él le podría haber dicho a todos los que le vieron morir. Esa culpa hubiese sido justificada.

Pero Jesús no tomó ese camino.

«Padre, perdónalos, porque no saben lo que hacen», dijo (Lucas 23.34).

Todos cometemos errores. Nuestros hijos que todavía están aprendiendo a moverse en este mundo raro y quebrado en el que vivimos, también cometen errores y, por lo general, muchos más de los que nos gustaría que cometiesen.

Pero no solamente tenemos que corregir esos errores cuando los cometen. Una de las lecciones más importantes que les podemos enseñar a nuestros hijos es cómo perdonar, cómo soltar la culpa. Tenemos que enseñarles acerca de la gracia y el amor, y la mejor manera de enseñarles es demostrándoselos.

Capítulo Ocho

UN LUGAR SEGURO

✦

Nunca había estado en un campamento en el cual una bolsa de Ziploc fuese un tesoro. En muchas formas Camp Life es como un campamento cristiano en Estados Unidos. Los chicos vienen de todas partes del país para pasar una semana de diversión y compañerismo. Cantan, se ríen de los pequeños dramas, palmean y danzan, juegan algunos juegos, y luego se dividen para participar en discusiones en grupos pequeños con sus consejeros. Jean, nuestros hijos y yo, entre docenas más, les hablamos de Dios y de la fe.

Pero había una gran diferencia con el campamento Awana en nuestro país y este campamento de verano en Lukasa, la capital de Zambia.

Una tarde, después de haber comido un sándwich de mermelada con mantequilla de maní, que había preparado la noche anterior (junto con cuarenta sándwiches más), metí la bolsa de Ziploc en mi bolsillo, por ponerla en algún sitio, y de repente era como una fuga. Estos chicos lindos y encantadores, chicos que siempre decían por favor y gracias, chicos que me llamaban el tío Jim, se volvieron salvajes; se pelearon por la bolsa usada como si fuese un jonrón de la liga mayor o un anillo de oro.

El grupo patrocinador, Family Legacy, me había advertido que estos chicos se pelean por cosas que a uno le parecerían increíbles, y tenían razón. Yo *no* lo podía creer, no hasta que lo vi con mis propios ojos. Para estos chicos, mi bolsa usada de Ziploc, aquello que nosotros botamos sin pensar cada día, era un lujo: sus familias podían guardar arroz o frijoles en ellas.

O hubiese sido, si esos chicos hubiesen tenido familia.

Dele una mirada a la pirámide de la población de Estados Unidos, un gráfico que ilustra el desglose demográfico de un país desde el más joven hasta el más anciano, y se ve como un barco de vapor.[1] La población está relativamente extendida entre niños y adultos, con el barco ensanchándose un poco por los baby boomers antes de estrecharse hacia arriba a las personas de edad de setenta y ochenta. Mire la pirámide de Zambia, y parece como si fuese un palo de bandera con una base grande.[2] Los niños sobrepasan, en número, *mucho más* a los adultos en este país reducido por el VIH/SIDA. La expectativa de vida en Zambia es solamente cincuenta y siete años.

La mayoría de los chicos que vienen al campamento son huérfanos dobles, todos sumamente pobres. Legacy Foundation encuentra a los más pobres de los pobres del país: chicos que duermen en las calles, chicos que son abusados por sus tíos o tías. Se les veía realmente contentos en el campamento, sonriendo y riendo desde el desayuno hasta la cena, pero cada rostro rebosante de alegría escondía una vida de tragedia.

Moses, uno de los chicos en el grupo de consejería de Trent, había enterrado a su mamá tres días antes del campamento; uno de mis chicos recibió tratamiento por tiña todos los días; una niña en el grupo de Jean de doce o trece años de edad, confesó que había sido violada por el enamorado de su mamá la primera noche que su mamá lo había llevado a la casa, él la amenazó diciéndole que las mataría a ambas si ella le contaba a alguien.

«Como quisiera que nunca se acabe el campamento», decían estos chicos en su acento africanizado. Los chicos también dicen lo mismo en Estados Unidos, pero en Camp Life hay una angustia deprimente en esas palabras, una desesperación. Una vez que el campamento termine, algunos no sabrán de dónde o cuándo vendrá su siguiente comida; algunos temen lo que les espera en la casa.

¿Un lugar seguro? La mayoría de estos chicos no saben qué es eso; y si conocen de un lugar seguro, ese lugar no es su hogar.

Y sorprendentemente, estos chicos son resistentes, y bendecidos con una capacidad notable de compasión.

Una mañana durante nuestro tiempo de discusión en grupos pequeños, les conté a los diez chicos mi *propia* historia, cómo mi mamá había fallecido cuando yo era un niño pequeño, cómo mi papá murió poco después, y cómo yo estaba prácticamente solo cuando era un adolescente. Usted podría haber visto cómo se quedaban con la boca abierta, yo era un huérfano, tal como ellos.

Cuando terminé de contarles mi historia, un niñito estiró su mano y me dio una palmadita en el hombro, no me dijo nada, pero el significado era claro, *todo va a estar bien*, me estaba diciendo con su palmadita consoladora y amable. *Todo va a estar bien.*

El resto de la semana, este chico de doce años no se separó de mi lado, me tomaba de la mano todo del día.

Por una semana, él encontró una muestra de seguridad. Quizás encontró consuelo en mí; y mirando hacia atrás, me pregunto si él estaba tratando de darme esa misma sensación de seguridad y consuelo, me pregunto si estaba diciéndome a mí, lo mismo que él se decía a sí mismo: *todo va a estar bien*.

Un refugio en la tormenta

En la familia Daly, si los chicos comienzan a discutir, si el uno le dice al otro: estúpido o si se burla de él por algo, Jean interviene.

«¡Eh!», dice. «¡La familia debe ser un lugar seguro! La familia es un lugar donde nos amamos unos a otros, donde podemos ser quienquiera que seamos; ser nuestro yo *real*».

Creo que nunca había oído una definición mejor que esa de lo que la familia debe ser. Jean tiene toda la razón. La familia *debe* ser el equivalente de seguridad. Idealmente, debería ser el lugar más seguro que conozcamos en nuestras vidas, el lugar al cual regresamos cuando todo lo demás en nuestras vidas explota. La familia es el hogar, y el hogar debe ser seguro.

Pero las familias no siempre son el lugar seguro que deberían ser, y los fracasos pueden ser desastrosos.

En Zambia, el VIH/SIDA desencadenó tanto el sufrimiento que vimos de primera mano, como la pobreza devastadora del país. Pero yo veo estos horrendos males sociales como síntomas de una enfermedad más insidiosa, la ruptura de la familia. Los hombres están huyendo de sus responsabilidades, y cuando la familia colapsa, la sociedad tiene problemas. ¿Y quiénes son los más vulnerables? Los niños. Los chicos que se van a dormir con hambre; las chicas son lastimadas por hombres que saben que nunca serán atrapados. Los niños en este campamento no se sienten seguros en su casa, aun cuando tienen una. El campamento puede ser lo más cercano que ellos puedan experimentar a cómo debe ser una familia.

Estos chicos nos conocen solo por una semana, pero antes de que nos vayamos nos dicen tío Jim, tía Jean, tío Trent y tío Troy. Tan pronto bajamos del bus, corren hacia nosotros y prácticamente nos atropellan. Saltan a nuestros brazos y se pegan a nuestras piernas. Por unos cuantos días se sienten seguros. Pero la mayor parte de sus vidas, aun cuando están con las personas que deben ser las que los cuiden, no se sienten nada seguros.

Tal falta de seguridad familiar no es un problema allá solamente, también lo es aquí, en todo lugar en Estados Unidos, en la ciudad y en el campo, de norte a sur. La falta de seguridad dentro de la familia no es solamente un resultado de la pobreza. Se trata del tipo de ambiente que los padres intencionalmente crean para sus hijos. La sensación de seguridad y pertenencia es de suma importancia para el bienestar de un niño, y si los padres no crean ese ambiente, los chicos pagan el precio.

El gobierno de Zambia se está esforzando para hacer los cambios que sean necesarios para proteger a la niñez. Hablamos con varios trabajadores sociales que estaban evaluando a los niños de acuerdo con los riesgos que enfrentan; esa labor es abrumante.

Los niños que son abusados, por lo general, tienen problemas para controlar sus emociones. Los expertos dicen que tienen un riesgo mayor de desarrollar todo tipo de desórdenes de ansiedad, de personalidad, sexuales o alimenticios. Aquellos chicos que han sido abandonados, por lo general, tienen retrasos en la motricidad y en su desarrollo social. Los que han sido acosados (dentro y fuera del hogar), con frecuencia decaen en su rendimiento escolar y tienen problemas para dormir. Todos estos chicos pueden tener problemas con la depresión, la ansiedad y una sensación de desesperanza.

Los problemas no se van cuando ellos salen de la casa. Los chicos de hogares inseguros llegan a ser adultos ansiosos y llenos de problemas. Cuando Tom y Beverly Rodgers visitaron el programa cotidiano de Focus on the Family, describieron esos problemas como *heridas del alma*: «Impactan cómo nos sentimos acerca de quién somos, y cómo interactuamos con nuestro medioambiente», dijo Tom. «Y la mayoría de las veces, ya que esas heridas suceden a una edad muy temprana, simplemente interiorizamos la herida: creemos que no somos dignos de amar y que algo anda mal con nosotros. Y básicamente nos adaptamos a ese mensaje».

Se supone que la familia debe ser un lugar seguro, pero con mucha frecuencia, no lo es.

Me imagino que usted tiene sus propias historias de cómo alguien le robó su ensueño de lo que era la seguridad: cuando su mamá llegó a casa ebria, cuando su papá se fue y nunca regresó, cuando alguien abusó de usted o cuando alguien le golpeó. La mayoría de nosotros sabe lo que es perder ese amparo, y algunos de nosotros nunca ha tenido uno siquiera.

Sabemos que la seguridad es muy importante en una familia, nadie nos lo tiene que decir. Pero, ¿cómo creamos una familia que se siente a salvo? ¿Una familia estable? ¿Una familia segura?

Primero, tenemos que fomentar un ambiente en el cual los chicos se sienten seguros *físicamente*. Esto debe ser algo obvio, nadie debe golpear a un niño, cualesquiera que sean las circunstancias. No me estoy refiriendo a una nalgada, una palmada en el trasero para reforzar algo importante, sino a los actos de violencia desconsiderados que instantáneamente aplastan la sensación de seguridad de un niño.

El comediante Jeff Allen habla con frecuencia del catalizador doloroso que cambió su vida, el momento en que golpeó a su niño pequeño.

(Hemos usado una de sus charlas en el programa de Focus on the Family). Él dice que estaba ebrio, y su hijito estaba llorando; él perdió el control, y la mamá del niño lo sacó de ahí y se lo llevó por el pasillo, el niño sollozaba con su cabecita en el hombro de su madre.

«Mientras yo caminaba hacia él, llegué a estar bajo el foco de luz del pasillo, y mi hijo de seis meses de edad, me miró con sus ojitos llenos de temor», recuerda Jeff. «Y me di cuenta de que yo había puesto ese temor en la vida de ese niño inocente; mi esposa se sentó en la cama y lo alimentó. Había recibido un golpe por tener hambre».

Tres días después, Jeff comenzó a ir a Alcohólicos Anónimos. Esa experiencia fue el catalizador para cambiar su vida, reparar su matrimonio que estaba chapaleando por sobrevivir y encontrar a Cristo.

Pero los padres no tienen que dejar un moretón para robarles a sus hijos la sensación de seguridad.

Chapaleando

Mi papá nunca me golpeó, nunca me dio un manotazo; cuando se embriagaba, amenazaba a mi mamá, y mi hermano mayor, Mike, de un salto se ponía entre ellos. Mike recibió muchos de los golpes de mi papá, y como tantas otras personas, todavía vive con las cicatrices de ese abuso. Como era el bebé de la familia, alguien siempre me protegía; aunque yo estaba fuera de los límites de ese tipo de abuso, mi papá podía herirme de otras formas.

Una tarde cuando yo era muy pequeño, toda la familia fue a la piscina; yo me senté al borde con mis pies colgando en el agua, y de repente mi papá me tiró a la parte honda de la piscina.

«¡Es hora de que aprendas a nadar!», dijo a medida que el agua me cubría y llenaba mis pulmones y estómago que estaban en shock, mientras que me hundía dos metros ochenta en el agua. Mike me sacó.

Esa tarde aprendí que no podía confiar en mi papá, no podía contar con él para que fuese mi refugio. De ahí en adelante, siempre estaba en guardia cuando estaba cerca de él, siempre preocupado por lo que pudiese hacer. Desde entonces, el hogar y la familia ya no eran lugares seguros para mí.

De la misma manera es importante crear un ambiente en el cual los hijos se sientan seguros *emocionalmente*, donde no tengan que estar nerviosos y tensos, y como Jean les recuerda a nuestros hijos, un lugar donde puedan ser ellos mismos y aun ser amados.

Podemos fomentar este tipo de ambiente por medio de límites fuertes y razonables, tanto para los padres como para los hijos. Sea que nos demos cuenta o no, todos nosotros encontramos seguridad y comodidad cuando existe una estructura. Nos sentimos cómodos en lo que conocemos y es predecible; y cuanto más estresante sea la vida fuera del hogar, más van a desear nuestros hijos la estructura y la predictibilidad que hay dentro de él. Según los expertos, los chicos que han pasado por una experiencia traumática necesitan desesperadamente una estructura en *algún lugar*, esa estructura les permite recuperarse y les da el tiempo y el espacio para poder estabilizarse nuevamente.

Piense en la familia, ese hogar seguro y cómodo que queremos crear para nuestros hijos, como una casa literalmente. No podemos construir una de panel de yeso y pintura en un día sin poner columnas debajo de ella. Primero se necesita un armazón sólido y fuerte; necesitamos una estructura que defina cómo se va a ver la casa, y cómo va a funcionar, esa estructura soporta nuestro piso, nuestro techo y nuestras paredes, nos mantiene secos durante la lluvia y abrigados durante el frío. Si la estructura es bien fuerte y la planificación ha sido minuciosa nos puede proteger de los desastres.

Lo mismo es con la familia. La estructura de una familia, los límites que nos ponemos a nosotros mismos, son de suma importancia para crear un hogar saludable.

Así que, como padres, primero debemos poner límites saludables sobre *nosotros*, antes de que comencemos a elaborarlos para nuestros hijos, ¿por qué? Todo vuelve al tema de la estructura y la predictibilidad. Nuestros hijos tienen la necesidad de saber qué esperar de nosotros. No necesitan padres que los empujan en la piscina inesperadamente; no necesitan mamás que regresan a casa ebrias y fuera de control; no necesitan padres que reaccionan con ira y frustración ante los problemas. Si nosotros esperamos que nuestros hijos obedezcan las reglas, nosotros también debemos someternos a algunas reglas. Después de haber hecho eso, entonces podemos proceder a establecer reglas para nuestros hijos.

Por naturaleza los chicos necesitan límites, límites predecibles y de confianza, que no cambien a cada momento. Según mi parecer, no creo que se necesiten muchos límites en una familia que está andando bien. Es más, los expertos dicen que cuanto menos reglas, mejor; pero cualesquiera que sean sus reglas y expectativas, tienen que ser bien definidas y ejecutadas constante y razonablemente.

Aquí es donde las cosas se complican un tanto.

Es muy fácil leer el párrafo anterior y caer en una mentalidad rígida y legalista como padre. Por supuesto que es importante que los chicos sepan cuáles son los límites. Sí, es importante que corrijamos a nuestros hijos cuando cruzan los límites o rompen nuestras reglas, pero no podemos perder la vista de lo importante que es la gracia y el elemento crucial que es el perdón. Tenemos que encontrar el delicado balance entre dirigir y enseñar, y asegurarnos de no aplastar el espíritu de nuestros hijos.

Límites blandos

Como padres reforzamos el comportamiento que queremos ver naturalmente. Queremos que nuestros hijos se esfuercen, que traten a las personas con respeto, que nos obedezcan cuando les pedimos que saquen la basura, pero a medida que tratamos de reforzar estos comportamientos, podemos hacerlo con una actitud degradante, denigrante y cruel, y a veces cuando corregimos con la mejor de las intenciones, lo que decimos (o lo que *queremos* decir), y lo que ellos oyen, pueden ser cosas muy diferentes.

Quizás les digamos a nuestros hijos: «No eres tan diligente como deberías ser». «No eres tan disciplinado como deberías ser». «No eres tan cortés como deberías ser». *No eres, no eres, no eres.* Es difícil para los chicos escuchar un montón de no eres. Con el tiempo lo que escuchan es: *no eres tan bueno como deberías ser.* Quizás su hijo no está haciendo su tarea, un hecho concreto, pero usted alarga esa declaración con un montón de no eres, o sigue repitiendo lo mismo todo el tiempo, a la larga dejará de comunicar la lección que usted se había propuesto, y lo mejor que va a lograr es que su hijo deje de escucharla y se diga: *ahí va mamá con otra de sus beligerancias*, y lo peor es que usted está comunicando que su hijo no es tan bueno, está comunicando que no es digno. Y ese no es un lugar seguro.

A veces veo esa dinámica en acción en mis hijos. Esperamos que nuestros muchachos mantengan notas altas, que se preocupen por su higiene personal y que sigan la regla de oro, cosas que son muy importantes, pero son cosas que para los chicos (y las chicas también) resultan difíciles de dominar mientras son chicos de trece y catorce años. Todos estos factores pueden llevar a una avalancha de discursos de «no eres», y cuando se vuelve algo dominante, por ejemplo cuando Jean o yo corregíamos, instruíamos o culpábamos a Trent cada vez que él estaba cerca de nosotros, lo llega a cansar, en este caso se podía ver cómo se estaba desanimando, sermón tras sermón.

Volvamos a la metáfora de la casa. Tenemos nuestra infraestructura, la estructura debajo de la casa, que mantiene todo en su sitio, pero aunque esa estructura subyacente sea fundamental, una casa que consistiese solo de esa infraestructura sería una casa muy débil. Claro que duraría cien años, pero usted no querría vivir en ella ni un solo día. En la mayoría de las casas la infraestructura está *escondida*. Todos sabemos que está ahí, pero está cubierta de paneles de yeso y pintura, pisos de parqué y techos texturizados, decoradas con arte, y con ventanas por todas partes, soporta sofás que son perfectos para tomar una siesta en la tardecita, y mesas de comedor donde podemos pasar horas jugando Monopolio o Risk.

Los mismos principios son aplicables a medida que tratamos de edificar familias saludables. Por supuesto que la infraestructura es importante, y la estructura es de suma importancia, pero no tenemos que verlas todo el tiempo. La mayoría de los días ni deberíamos notar que están ahí, las tapamos con risa y afecto, las cubrimos con nuestros recuerdos, las decoramos con nuestro amor y gracia.

Cuando pienso en cómo se manifiesta esta realidad en una familia, vez tras vez vuelvo al ejemplo de mi amigo Danie van den Heever, un hombre de negocios de Sudáfrica. Cuando estoy en su país, en su casa para cenar, y uno de sus hijos se porta mal, él no lo corrige con un ceño fruncido y una reprimenda, sino que lo usa como una oportunidad para derramar más amor sobre su hijo.

«Rudy, Rudy, Rudy», dice con una sonrisa, jalando a Rudy cerca de él suavemente, envolviéndolo con un abrazo cariñoso. «Vamos a hablar». No hay ni pizca de una reprimenda de «no eres en esas palabras: *no debes hacer eso, no estás haciendo las cosas de acuerdo a mis expectativas, no eres... cualquier cosa*. Sino lo opuesto: *tú eres, eres mi hijo, eres amado, eres especial para mí, y por tal razón, quiero que te portes mejor*.

¿Cómo se construye una familia que se siente segura? Se necesita estructura y se necesita gracia, ambos componentes de crucial importancia funcionan juntos. Pero tenga cuidado, algunos chicos necesitan más de uno y menos del otro.

Las reglas y la gracia

Como mencioné, hemos recibido en la casa a dos hijos de acogida, pero no todos los miembros de la familia querían hacerlo.

Hace años decidimos ayudar a otros dos hijos de acogida, Joe de nueve años y Jack de ocho (estos no son sus verdaderos nombres). Teníamos la esperanza de poder ser una influencia positiva en la vida de estos chicos; pensamos que necesitaban un poquito de estabilidad, que necesitaban sentirse seguros; pensamos que sería maravilloso si nosotros pudiésemos darles eso.

Pero no nos imaginamos cuánto podría afectar a nuestros propios hijos, y lo difícil que esta experiencia sería para Troy.

De nuestros dos hijos, Troy es el que se desarrolla mejor con la estructura, es nuestro estudiante que siempre saca A, el chico que siempre está listo para hablar de Dios y asuntos espirituales, el hijo que parece que tiene más éxito en todo lo que emprende. Él sobresale en un ambiente donde sabe cuáles son las reglas, porque siempre está dispuesto y hasta emocionado de seguirlas; y para él, nuestro hogar era paradisíaco. La estructura bien definida en nuestro hogar le caía perfectamente, él rebosaba de felicidad.

Pero cuando Joe y Jack llegaron, alteraron la estructura; aun cuando nosotros, los Dalys, tratamos de darles la estabilidad que tanto necesitaban, terminaron desestabilizando nuestro hogar. Habían sido criados en un ambiente totalmente diferente, con una estructura muy diferente a la que Troy estaba acostumbrado, maldecían y peleaban, y cuando no peleaban entre ellos buscaban a Troy y lo acosaban en su propia casa. Repentinamente, este lugar no era seguro; su familia, su refugio, ya no le daba la sensación de seguridad.

Cuando se nos dio una nueva oportunidad de acoger a estos niños en el 2016, se nos habló de ello cuando las cosas ya estaban bien avanzadas, estos niños necesitaban un hogar de inmediato. Tuvimos que tomar una decisión rápida, así que nos reunimos brevemente en familia para discutir si queríamos traer a Jerilee y a John a nuestro hogar.

«Yo no quiero hacerlo», nos dijo Troy rotundamente. «Yo sé que ustedes quieren hacerlo, y lo vamos a hacer, pero yo no quiero, y esa es mi posición». Él había tenido una mala experiencia anteriormente. Su estructura había sido cambiada drásticamente la última vez. Su seguridad había sido arruinada, y no quería que volviese a suceder.

Qué contraste con la reacción de Trent: «Vamos Troy», le dijo. «Tenemos que ayudar a estos chicos, están en una mala situación, es lo que debemos hacer».

Trent, mi estudiante con dificultades, a quien siempre tengo que estar detrás, del cual Jean y yo nos preocupamos más, mostró un corazón hermoso. *Vamos Troy, es lo que debemos hacer.* Me tocó mucho, recuerdo pensar: *Señor, veo su corazón, veo su corazón.*

Troy tenía razón, recibimos a estos dos nuevos hijos de acogida a pesar de sus objeciones, y aunque estos niños pequeños no pueden acosar a nadie, todavía le cuesta a Troy, no es nada como la primera experiencia, pero hasta ahora no es cómodo para él. La estructura en la cual el prospera ha sido arruinada una vez más. Francamente, en este aspecto yo soy más como Troy.

Ambos podemos aprender algo de Trent.

Trent está totalmente involucrado con estos chicos. Si le piden que juegue con ellos, ¡zaz! en un instante está ahí; si necesitan ayuda con algo, él está a su lado; él está dispuesto a ayudarlos en cualquier cosa que los chicos necesiten.

Esta actitud es muy diferente a lo que hemos visto en otras áreas de su vida. Si le pido que haga su tarea, me rechaza: «¿Por qué? ¿Por qué tengo que hacerlo en este momento?». Pero si John le pide que juegue algo con él, responde, en el acto: «Por supuesto», dice, «no hay problema». Cuando se trata de nuestros hijos de acogida, Trent demuestra una actitud y un corazón asombrosos.

Me pregunto por qué.

Creo que tiene que ver con el concepto de la seguridad. Si Troy prospera en la estructura, Trent a veces se rebela contra ella. Los límites y los frecuentes sermones que Jean y yo le damos para que los obedezca, pueden alocarlo un poquito. Me pregunto si todos esos sermones lo hacen sentirse inseguro y lo estresan. A veces pareciera que nuestras conversaciones son siempre en relación a la escuela y su desempeño; quizás con estos hijos de acogida Trent nos está mostrando un poco más de la actitud que desea, o necesita ver en nuestro hogar: bondad, compresión y cuidado.

Si lo que más le gusta a Troy es el armazón y las vigas, a Trent le gusta ese sofá cómodo; y aun cuando su madre y yo tenemos que sacarlo a rastras del sofá para que haga su tarea, quizás el entendimiento de Trent de cómo debe ser una familia le da la facilidad de dar seguridad a otros.

Volar

En África, Trent estaba en su elemento, los chicos en Camp Life se conectaron con todos nosotros, pero parecía que tenían cierta afinidad por Trent, en parte por su estatura, él mide un metro noventa y tres, así que es como un árbol inmenso al cual se pueden subir. Sienten esa estabilidad física en él, podríamos decir esa *estructura*.

Pero es algo más, también tiene una fortaleza interna, un comportamiento tranquilizante. Nada lo aturdía en Zambia; su falta de familiaridad no lo puso nervioso. Creo que los chicos podían sentir una fortaleza tranquila dentro de él, algo que era más profundo que su complexión y su figura. Se podían sentir *seguros* con él, me dejó sorprendido. Y porque se sentían seguros, se podían sentir felices, rebosantes y aun gozosos.

Hay una paradoja en el centro de toda familia segura: los chicos son valientes, son chicos aventureros, chicos intrépidos. Los chicos que no se sienten seguros en la casa tienden a ser más cautelosos y temerosos, asustados de no poder cumplir con las expectativas. Los chicos que sí se sienten *seguros*, bueno, no tienen temor de cometer errores, no les asusta tomar chances. Si los chicos saben que tienen el respaldo de sus familias, pueden mirar hacia adelante, pueden encarar sus futuros, con confianza.

Ahora que mis hijos ya son adolescentes, veo esto muy claramente. Quiero que se sientan tan seguros en la casa, tan seguros conmigo para contarme cualquier cosa, si están en problemas, si han cometido un error, yo quiero saberlo; quiero poder ser de ayuda. Pero eso no va a suceder si nuestra familia no es un lugar seguro en el cual podamos compartir y ser quienes somos. Si no hay el nivel necesario de comodidad, van a tener miedo.

Yo quiero que mis hijos sientan que me pueden decir cualquier cosa, aun si saben que me va doler o decepcionar. Quiero que se sientan como esos chicos en Zambia al lado de Trent, quiero que sientan esa estabilidad, esa fortaleza interior. Quiero que se sientan seguros a mi lado cuando tengan dieciocho como cuando los levantaba en mis manos y los cargaba en el aire.

Porque cuando uno confía en las manos que lo sostienen, gana la habilidad de elevarse como las aves.

Capítulo Nueve

LA ACEPTACIÓN DEL
LIBRE ALBEDRÍO

✦

Andrew sobresalía en todo lo que quería hacer, y lo que él quería hacer era rebelarse.

Como era un travieso de primera, él y su amigo Bailey dejaban caer un recipiente de gasolina en un camino abierto y le prendían fuego, «por pura diversión». Convertían tarros de cemento de caucho en bombas caseras, reemplazaban las cerdas con mechas, y las tiraban contra la pared de la escuela mientras observaban cómo se esparcían las llamas sobre la materia pegajosa.

Sus padres trataron de hacer que se comportara bien, y a veces parecía que lo estaban logrando, se portaba como el niño bueno cuando le convenía, pero nunca se arrepentía. Y a medida que Andrew cambiaba de niño a adolescente, pasó lentamente de prenderle fuego a otras cosas a prenderle fuego a su propia vida.

«Desde muy pequeños, mis amigos y yo nos escapábamos de la casa a hurtadillas, y nos robábamos el licor del gabinete de los vecinos», nos contó en un discurso que luego fue transmitido en Focus on the Family. «Podíamos conseguir una bolsa de marihuana en cualquier lugar».

Él y sus amigos contrabandeaban marihuana y botellas de licor en el teleférico en los campamentos juveniles. En las fiestas de cerveza, cuando estaba en la escuela secundaria, bebía hasta casi estar inconsciente, y a veces, así manejaba de regreso a su casa. Cuando entró a la universidad, lejos de la supervisión de sus padres cristianos y amorosos, las cosas se pusieron peor. A la edad de veinte años estaba casi fuera de control, sin ningún interés en Dios, vivía solo para el siguiente trago y la siguiente fiesta.

En medio de todo, los padres de Andrew luchaban por preservar su relación con el hijo perdido; aun cuando no lo podían ver físicamente o controlarlo emocionalmente, se mantuvieron presentes en su vida.

En 1987, justo cuando Andrew cumplía veintiún años, la familia se estaba preparando para ir a unas vacaciones programadas en Whistler, Canadá; un viaje único. Un amigo les había prestado su casa durante las vacaciones de la universidad de Andrew. Tanto su mamá como su papá habían ahorrado y conseguido cada centavo para poder hacer realidad el viaje para los cinco miembros de su familia.

Pero Andrew se había unido a una fraternidad en Oregon University, y sus «hermanos», no tenían la intención de dejar que se fuera sin celebrarle sus veintiún años con un fiestón.

Cuatro días después, todavía el tequila seguía fluyendo y la fiesta no había terminado, al menos para Andrew. Cuando su mamá finalmente llamó por teléfono a la casa de la fraternidad y habló con él, un Andrew ebrio ya tenía dos días de retraso para llegar a sus vacaciones familiares.

¿Mencioné el apellido de Andrew? Palau es su apellido; es el hijo de Pat y Luis Palau, el legendario evangelista.

Caminos diferentes

La vida es una travesía. Todos hemos escuchado los clichés. La gente habla de caminos metafóricos en una travesía todo el tiempo: el camino al éxito, el camino a la libertad económica, el camino a la salvación. El cantante Bob Dylan pregunta cuántos caminos tenemos que caminar antes de crecer. Yogi Berra, un jugador de béisbol, nos dice: «Cuando te encuentres con un tenedor en el camino (una intersección), agárralo».

La Biblia está llena de metáforas de travesías de la vida: «Reconócelo en todos tus caminos, y él allanará tus sendas», se nos dice en Proverbios

3.6; un capítulo después, en Proverbios 4.27 leemos: «No te desvíes ni a diestra ni a siniestra; apártate de la maldad».

Pero con frecuencia, todavía ignoramos la sabiduría de la Biblia y abrimos nuestro propio camino de vez en cuando. Algunos de nosotros brincamos en el camino por un tiempo, y nos enredamos entre los arbustos espinosos, sin perder la vista del lugar hacia dónde vamos. Otros van disparados de cabeza al bosque, estrellándose con los matorrales como venados ebrios, cayéndose por las montañas, chapaleando por los ríos, y luego dicen: «Olvídate del camino, yo voy a hacerme el mío».

La parábola del hijo pródigo puede ser una de las historias más famosas de toda la Escritura. En la historia relatada por Jesús y grabada en Lucas 15, nos enteramos de que un padre tenía dos hijos; uno de los hijos le pide a su padre antes de tiempo que le dé su parte de los bienes familiares, y luego se va corriendo a un país extranjero, donde: «vivió desenfrenadamente y derrochó su herencia » (versículo 13).

El forjó su propio camino, y lo llevó directo fuera y lejos de todo lo que conocía. Si la historia sucediese hoy en día, nos imaginaríamos al pródigo detrás del timón de un carro grande con un dado de felpa en el espejo retrovisor, una botella de scotch barato en el asiento del pasajero, un par de porros en su bolsillo, y su GPS dándole direcciones para llegar derechito a Las Vegas.

Para muchas mamás y papás esta historia es dolorosa porque es muy familiar; quizás sus hijos no están malgastando la fortuna familiar, pero sienten que están despilfarrando su derecho a existir y están desperdiciando sus vidas. La preocupación comienza desde temprano, la primera vez que uno de ellos le da un puñetazo a un niño en el jardín de la infancia, o hace trampa en un examen en segundo grado. ¿Su hija sacó una D? Es hora de preocuparse. ¿Atraparon a su hijo fumando en el baño? Hay que orar más por el muchacho. ¿No fue a la escuela? ¿Miró fotos obscenas en el internet? Uno comienza a investigar si es legal instalar chips de rastreo en su hijo y cámaras de seguridad en la casa.

Con frecuencia esa preocupación es justificada. Andrew Palau es prueba de ello. Pero a veces los padres pensamos que nuestros hijos están corriendo de cabeza hacia la inconsciencia, cuando en realidad solo han dado un paso o dos fuera del camino, y a veces se preocupan cuando ni siquiera se han apartado de su *propio* camino.

Todo vuelve al tema de nuestra preocupación con la perfección. Queremos que a nuestros hijos les vaya bien; queremos que sobresalgan, y eso es muy natural, aun si eso lleva por momentos a una presión y expectativas no saludables, pero muchas veces lo llevamos un paso más allá. No solo queremos que sobresalgan, sino que sobresalgan en las mismas cosas en las que *nosotros* sobresalimos, o que se enfoquen en las cosas que para *nosotros* son prioridad, o las cosas que *nosotros* sentimos que deberían ser importantes para *ellos*. Queremos que sus caminos se parezcan a los nuestros, o como se hubiese visto nuestro camino si hubiésemos evitado todos los desvíos que tomamos. Con frecuencia así no es como Dios hace que se desarrollen las cosas.

Pensamos que sabemos cómo debe ser el camino de nuestros hijos. ¿Pero lo sabemos realmente? ¿Deberíamos realmente estar preocupados porque nuestros hijos han tomado el camino de Andrew Palau de un prodigalismo enorme si van a una página web subida de tono?

Algunos padres bautizan a sus hijos con el nombre de pródigos en formación, no porque sean malos, sino porque no son tan buenos como sus padres quieren que sean. *No son tan buenos*; y a veces, con una buena dosis de antagonismo de mamá y papá, esa marca de pródigo se convierte en una profecía. Cuánto más le diga usted a su hijo lo descarriado que está, hay mayor posibilidad de que cumpla con esas expectativas.

En el 2014, hablé con la doctora Kathy Koch y Jill Savage acerca de su libro ¡Los hijos no tiene*n que ser perfectos!* Kathy me dijo cómo algunos de los chicos que ella aconseja se destrozan a sí mismos tratando de complacer a sus padres, pero no importa cuánto se esfuercen, fracasan, porque simplemente no tienen la capacidad de hacer lo que sus mamás y papás esperan que ellos hagan.

Ella usa el ejemplo de un padre que le habla a su hija acerca de una nota en matemática. «Tus notas tienen que ser más altas», dice el papá. Así que ella se esfuerza más, estudia más, la maestra la ayuda después de clases, ¿y adivine qué? Da resultado, la hija sube su nota a noventa y tres, pero esa nota no satisface a su padre. Para él ese noventa y tres por ciento es siete por ciento menos de lo que debería ser, eso habla de una ética de trabajo que tiene que mejorar, una mente joven que debería ser más disciplinada, *esa nota no es tan buena.*

«Mis ojos se llenan de lágrimas porque los papás no tienen la intención de dañar a sus hijos», me dijo Kathy. «En lo profundo desean lo mejor para ellos, y creen que un cien por ciento es lo mejor. ¿Lo *es*? Si un chico es capaz de lograr un cien por ciento, entonces lo es, pero para muchos chicos el noventa y tres por ciento *es* su cien por ciento».

Su mejor esfuerzo aun es poco ante las expectativas de sus padres, y a la larga, el hijo se preguntará: *¿Para qué siquiera tratar? ¿Si mi mayor esfuerzo va a ser una decepción, de qué vale que me siga esforzando?*

Nuestros hijos van a fallar, eso es un hecho, pero muy a menudo los padres ven esos fracasos como señales de *hijos fracasados.* En algún momento los muchachos han fallado en algo, los padres sienten que ellos también han fracasado. Kathy nos recuerda que es de suma importancia mantener un sentido de perspectiva durante esos tropiezos inevitables, esas complicaciones y desastres a lo largo de camino. «¿Cometieron un error intencionalmente, por molestar, para obtener una reacción?», pregunta ella. «¿Se están rindiendo porque prefieren ser patéticos? ¿O estaban realmente haciendo un esfuerzo honesto por sacar una A en biología o para que les vaya bien en el recital de piano, y algo pasó, y por alguna razón no hicieron lo mejor que pudieron? Bueno, ¡Santos Cielos! Yo no siempre hago las cosas lo *mejor* que puedo, y estoy agradecida por personas que *me* rodean con amor en esos momentos».

Tenemos que recordar eso, ninguno de nosotros *siempre* hace lo mejor que puede. No siempre seguimos las lecciones que estamos tratando de enseñarles a nuestros hijos, también fracasamos, cometemos errores tontos, nos salimos del camino. ¿Eso *nos* convierte en pródigos? *¿Nos* convertimos en rebeldes fracasados cuando desperdiciamos, aun si es por un momento, los dones que nuestro Padre celestial nos ha dado?

La única diferencia entre nuestros fracasos y los de nuestros hijos es que nuestro libro de notas no llega a la casa.

Todos tenemos diferentes caminos; nuestros caminos no son los caminos de nuestros hijos. Esa sencilla verdad puede hacer que la paternidad sea realmente frustrante, y se vuelve mucho más frustrante cuando *pensamos que sabemos* que nuestros hijos están dejando el camino que ha sido establecido para ellos.

¿Buenas notas?

Me sorprende la manera en que la tecnología nos ha dado a los padres la habilidad de rastrear cada paso de la educación de nuestros hijos. Cuando yo era un escolar, la escuela mandaba un libro de notas cada tres meses, y eso era todo. Pero hoy, gracias al internet y a los teléfonos inteligentes, los padres pueden instantáneamente chequear en línea las notas, las tareas para la casa, el estado actual de las notas, y bueno, casi todo.

Esas son malas noticias para Trent.

Hace un par de años, poco antes de dar una conferencia decidí chequear las notas de Trent en el curso de historia, ¿y qué encontré? La última tarea para la casa: faltante; la anterior: faltante; sílabo: faltante; reporte de Mesopotamia: faltante. De cincuenta puntos que Trent hubiese podido recibir, no tenía ni uno.

¡BUM!

Ya que siempre tengo ganas de compartir con mis audiencias que ninguna familia es perfecta, incluyendo la mía, me acerqué al estrado, levanté mi teléfono, y dije: «¡Eh, permítanme enseñarles lo que lo que acabo de descubrir hace tres minutos!».

No, no creo que una mala nota en historia sea razón para hacer sonar la alarma del hijo pródigo. Jean se preocupa más que yo acerca de lo que significan estas señales; pero la falta de esfuerzo de parte de mi hijo me preocupaba a mí también. Este no era el caso en el que Trent se estaba esforzando lo más que pudiese y no estaba logrando cumplir con nuestras expectativas, se trataba de que Trent no estaba haciendo *nada*. Como padres siempre queremos medir cómo van nuestros hijos, qué tan bien andan en el camino, y para esto tenemos pocas señales que nos ayuden. Las notas y las tareas no son las señales máximas, pero son algunos de los indicadores que tenemos que nos muestran en quién se están convirtiendo y quiénes van a ser. Es fácil para un padre mirar ese indicador y preocuparse. Vemos una D o una F, y nos imaginamos que nuestro querido hijo o hija está camino a ser un asesino peligroso.

Así que en la casa Daly, forzábamos a Trent a que sacara mejores notas; pero más importante que eso, lo forzábamos a que se esforzara más.

Honestamente, todavía estamos forzándolo.

En *My Three Sons*, uno de mis programas favoritos en mi niñez, los problemas se resolvían exactamente en treinta minutos. En los libros de crianza de hijos, estos se pueden resolver ordenadamente en un capítulo o dos. Lamentablemente la vida real no funciona de esa manera. Es muy raro que resolvamos asuntos grandes en una reunión de familia, o en una conversación de corazón a corazón; por lo general, se cuecen a fuego lento por meses o a veces años. Nos despertamos cada día y tratamos de resolver el mismo problema de diferentes maneras. A veces sobornamos, otras veces amenazamos, quizás usemos un chiste amigable como motivación una semana, y luego pasamos a dar de gritos la próxima. Reiteramos nuestros sobornos y castigos en la misma medida, y parece que nada funciona.

La familia Daly no es la excepción. Por años, los tres, Jean, Trent y yo, hemos batallado con las luchas recurrentes de Trent en la escuela. Todos sabemos que él es muy inteligente, y Jean especialmente quiere que él ponga más énfasis en su trabajo escolar, en particular en sus tareas. Ella quiere que sus hábitos de trabajo *suban* un poco más, quiere que él lo comprenda, que entienda el valor que tiene la escuela, tanto como un gozo intrínseco (a ella le encantaba la escuela), y como una necesidad pragmática para poder ir a la universidad. Y ella ha hecho todo lo posible para lograr que Trent lo *entienda*, y sigue tratando, porque tiene la esperanza de que haya un botón secreto en algún lugar o una palanca que ella pueda jalar con las palabras y las circunstancias adecuadas. Si ella pudiese físicamente obligar a Trent a que haga su tarea, forzar su mano al papel y escribir cada línea de la tarea, creo que lo haría.

Pero dudo mucho que Trent no lo entienda, él es un adolescente, y no quiere hacer la tarea. Y cuanto más lo forzamos, cuanto más tratemos de hacer que cambien las cosas, menos deseo tiene él de hacerlo.

Jean busca que yo la apoye en estas luchas continuas; me dice: «has algo», así que yo trato de hacer algo, lo sermoneo, lo regaño y lo animo.

Pero no *podemos* obligar a nuestro hijo a que haga nada. Esa ventana de mando y control termina aproximadamente a los diez años de edad.

Sé responsable

Los recién nacidos son cositas indefensas, dependen de uno para su alimentación, abrigo y pañales limpios. Uno casi tiene control absoluto sobre ellos. Nunca cuestionan nuestra autoridad, y cuando comienzan a explorar su independencia, lo que se conoce como los terribles dos que pueden durar muchísimo más, aun no cabe duda de quién está en control. Si se rehúsan totalmente a salir del supermercado, uno los puede cargar y sacarlos de esa manera; aun cuando llegan a la edad prescolar, el mundo del niño se desenvuelve alrededor de mamá y papá.

Pero luego, las cosas empiezan a cambiar, el niño se da cuenta de que mamá no sabe automáticamente que él se comió una galleta antes de la comida. Se comienza a dar cuenta: *eh, yo tengo un poquito de control aquí.* A los ojos de ese hijo, pasamos de ser seres divinos a jefes domésticos, aun en control, pero no omniscientes y definitivamente no infalibles. Poco después, los chicos dejan de aceptar las reglas simplemente «porque yo lo digo», y cuando llegan a la adolescencia los padres se ven muy falibles. (Irónicamente, incluso cuando seguimos forzando a nuestros hijos a que sean perfectos, nuestros hijos saben, cuando llegan a la edad de catorce años, qué imperfectos somos *nosotros.*)

Creo que instintivamente, la mayoría de los padres comprenden que uno no puede criar a una niña de doce años en la misma forma que criaría a una de dos años. A medida que nuestros hijos crecen, nuestras estrategias de crianza cambian. Físicamente embutíamos las zanahorias en la boca de nuestros infantes; a medida que crecen y hacen muecas cuando ven las verduras anaranjadas, les damos una elección apropiada para su edad: come tus zanahorias y puedes comer un postre, o quedarte en la mesa hasta que las acabes (la estrategia de la zanahoria o el palo, por así decirlo). Años después, si *todavía* no quieren comer sus verduras, tratamos de razonar con ellos, les decimos cuán importantes son las verduras para una dieta balanceada, cuántas vitaminas tienen, cómo a los niños que no tienen qué comer en África les *encantaría* tener un plato de zanahorias sancochadas y glaseadas. Sabemos que *forzar* a nuestros hijos a que coman esas zanahorias, y también, forzarlos a que tomen decisiones correctas, no va a funcionar siempre. El punto principal de la crianza es entrenar a nuestros hijos para que tomen decisiones por sí mismos, no porque nosotros lo digamos, sino porque ellos quieren hacerlo, porque saben que eso es lo que tienen que hacer.

Comenzamos no simplemente a apuntar nuestras lecciones en dirección a esa decisión saludable, sino para estimular el carácter total de nuestro hijo. Les mostramos a él o ella que las decisiones que toman ahora hablan mucho de quiénes son y qué es lo que valoran. Les mostramos que las decisiones que toman hoy van a impactar sus vidas mañana. Les ensañamos cómo tomar decisiones sabias porque no siempre vamos a estar cerca de ellos para ayudarlos.

Pero incluso cuando vemos que esta es la meta final de nuestro trabajo como mamás y papás, darles a nuestros hijos las herramientas para tomar buenas decisiones por sí mismos, rehusamos dejarles que aprendan de sus propias malas decisiones. A veces prohibimos que se tomen esas malas decisiones; aun cuando nuestros hijos llegan a la adolescencia, algo en nosotros todavía quiere empujar a la fuerza la decisión correcta en ellos.

Como si pudiéramos.

Trent mide 1,95 m, yo no *puedo* forzarlo a que haga nada. Es un chico terco, lo que significa que él no va a hacer algo simplemente porque mamá y papá quieren que lo haga. Nunca ha aceptado el «porque yo lo digo», aun cuando era un niño pequeño. Trent siempre ha tenido la necesidad de saber *el porqué* y el *cómo así.* Y como la mayoría de los adolescentes está tratando de descubrir qué tipo de persona quiere ser, está empujando los límites, se está definiendo a sí mismo, está descubriendo cómo es ser un adulto.

Jean y yo le podemos hablar de la tarea hasta el cansancio, podemos razonar con él y hablarle de la importancia de los estudios, cómo su futuro depende de las buenas notas de *ahora*, podemos forzarlo a que se siente en la mesa del comedor con su libro de historia o de algebra abierto, con la esperanza de que estudie, o si eso es mucho pedir, que algo de ese conocimiento salte de la página y entre en su cabeza, pero no podemos *hacer* que triunfe, no podemos *hacer* que él comparta nuestros valores educacionales. A este punto en la vida de Trent, la decisión final es suya, y las consecuencias también.

No sé qué hacer, sino dejar que sea responsable por esas consecuencias. Tiene que ser responsable por sí mismo. Yo no tengo el poder o las habilidades para obligarlo a que *haga* nada.

Y, dicho sea de paso, parece que Dios detesta esas habilidades también; sí, pensemos en *eso* por un minuto.

En *El gran divorcio*, C. S. Lewis escribe: «... Sólo hay dos tipos de personas: los que dicen a Dios "hágase tu voluntad" y aquellos a quienes Dios dirá, al fin, "hágase tu voluntad". Todos los que están en el infierno lo han elegido»[1].

Dios podría habernos hecho seres muy diferentes. Podría habernos hecho de tal forma que todos constantemente tomáramos las decisiones correctas. Él podría haberse asegurado de que pasáramos nuestras vidas adorándole y honrándole. Podría haber hecho que *seamos* gente buena y podría haber forzado esas zanahorias espirituales en nosotros.

Pero Dios no hizo eso, él nos dio libertad de elección, nos dio la habilidad de tomar nuestras propias decisiones, aun las malas.

Creo que esta verdad nos fuerza a nosotros los padres a preguntarnos: ¿Es realmente parte de *nuestra labor obligar y controlar las decisiones de nuestros hijos e hijas?* ¿Realmente espera Dios que los forcemos a que tomen las decisiones correctas? Lo dudo. Definitivamente no en el caso de los adolescentes.

Entonces tenemos que hacernos otra pregunta: ¿Por qué?

La importancia del fracaso

Cuando uno de nuestros hijos tenía un poco de problemas en el séptimo grado, Jean y yo fuimos a hablar con el director, con la esperanza de que nos diese algún consejo. Nunca olvidaré lo que dijo.

«Si van a fracasar, dejen que fracasen ahora», nos dijo. «Mejor es que fracasen en el séptimo grado y no en el doceavo; es mejor que aprendan una lección dura y dolorosa de priorización, y habilidades para sobrellevar las cosas ahora que cuando estén en su primer año universitario».

Seamos francos, gran parte de quienes somos como padres, nuestros genes de mamá y papá, están orientados a proteger a nuestros hijos del fracaso, no queremos que sientan dolor o que tengan contratiempos. Desde el inicio de sus vidas como bebitos indefensos envueltos en nuestros brazos, no hemos hecho nada más que protegerlos. Pusimos esquineros en las mesas de centro de la casa, les pusimos cascos en sus cabezas antes de que salieran a manejar bicicleta, y les dijimos que nunca, nunca, nunca hablaran con extraños. Hacemos todo lo que esté en nuestro poder para que se encuentren a salvo. Acabo de pasar todo un capítulo enfatizando la importancia de crear un ambiente seguro para nuestros hijos. *Necesitamos* familias seguras, necesitamos hogares seguros.

Aunque fomentemos lugares seguros dentro de nuestras familias, el mundo afuera es peligroso, y siempre lo será.

Vivimos en una vida llena de dolor, angustia, estrés, contratiempos y fracaso. Qué bueno fuese si nuestros hijos pudiesen evitar todo eso, evitar el dolor y el fracaso con algunas decisiones buenas y sabias. Pero las decisiones que tomen no serán todas buenas y sabias, así que si nuestros hijos van a fracasar, mejor dejarlos que lo hagan ahora, mejor dejar que se quiebren un poquito cuando usted está ahí para ayudarles a recoger las piezas.

Parece que el fracaso es el plan de Dios, de hecho, cuando leemos la Biblia, a veces parece como que si el fracaso nos ayudase a crecer emocional y espiritualmente más que nuestros éxitos.

¡Eso no quiere decir que nuestros fracasos no duelan! Van a doler, y quizás eso es pare del asunto. Jacob luchó con Dios en el desierto y se le descoyuntó el muslo (Génesis 32.25), a partir de ahí Jacob caminó con una cojera, pero después de eso también caminó más cerca de Dios.

Nuestros hijos van a tener dificultades, van a fracasar, y algunas veces van a huir de todo lo que hemos tratado de enseñarles, pero por la gracia de Dios, volverán a la casa. Heridos, seguro; cojeando, quizás. Pero de regreso a la casa.

Asegurémonos de mantener la puerta sin llave para ellos.

El pródigo

Uno hubiera pensado que después de la borrachera de cuatro días de Andrew Palau que casi arruinó las vacaciones familiares, él se hubiese enderezado, pero no lo hizo, en realidad no. Él consideró ese momento como un breve incidente en una serie de fiestas. Aunque sus hábitos fiesteros disminuyeron un poco después de que se graduó, solo fue porque sabía que tenía que trabajar al día siguiente. Y solo porque no se quedaba fuera toda la noche como solía hacerlo, no quería decir que nunca se acostaba ebrio.

Los padres de Andrew sabían que él no estaba andando bien, le hablaron acerca de sus decisiones, oraron sin cansarse, y como Andrew se había alejado del Señor, le animaron a que regresase a su fe.

Lo más importante es que continuaron amando a su hijo descarriado, a pesar de que este había rechazado todo lo que ellos creían. Luis y Pat nunca dejaron de estar presente, de ser una influencia, aunque fuera pequeñita, en su vida.

«Ellos hicieron todo lo que pudieron», él dijo. «Pero al final, reconocieron que si algo bueno iba a pasar en mi vida iba a ser una obra de Dios. Cuando él dice que ofrece vida, y vida en abundancia, lo dice en serio».

Pero Dios se toma su tiempo.

Cuando Andrew tenía veintisiete años, sus padres lo invitaron a Jamaica para ir a una de las cruzadas de Luis. Andrew dijo que iría si podía ir a pescar pez espada también. Su papá le dijo que podía hacer los arreglos para que fueran en un viaje de pesca. Andrew esperaba que este viaje fuese simplemente otra gran oportunidad para divertirse y solearse; esperaba tomar cerveza en la playa sin tener un cambio de corazón o encontrar una nueva dirección en su vida. Después de todo, él no era como las ovejas a quienes su padre le predicaba año tras año, ya lo había oído todo mil veces, quizás literalmente.

Pero algo sucedió en esta oportunidad, la mil y una vez. Andrew conoció a personas maravillosas que hacían cosas maravillosas mediante el poder de Dios, y comenzó a mirar su propia vida en una forma diferente. Sentado en el Estadio Nacional de Jamaica, con la humedad que lo cubría como una frazada, él supo que no era eso, sino algo más que estaba poniendo presión sobre él, el Señor.

«Y yo supe», dijo Andrew, casi sin poder hablar, «no son mis padres, es Dios mismo quien me está llamando. Y en ese momento, nunca lo voy a olvidar, como que cambié mi forma de dirigirme a Dios, de pedirle que se me revelase, a simplemente pedirle que hiciera algo más por mí; simplemente clamé a él en desesperación, y le dije: "Señor, ¿qué es lo que me aparta de ti?"».

«Y es como si él me hubiese dicho: "Ah, ¿de verdad quieres saber qué es lo que te aparta de mí?". Y yo le dije: "Sí, ¿qué es?". Y él solamente abrió mis ojos para ver qué era lo que me estaba apartando de él, toda la basura en mi vida. En ese momento supe que estaba quebrado, y lloré y lloré hasta no poder más».

La vida de Andrew dio un vuelco aquel día.

Andrew tuvo que tomar responsabilidad por sus propias decisiones, sus padres no pudieron cambiarlo; solo él y Dios pudieron hacerlo. Pero ellos mantuvieron la puerta abierta. Nunca dejaron de amarlo. Nunca se dieron por vencidos con él. Nunca dejaron de llamarlo «hijo».

La importancia de la paciencia

¿Cuál es la herramienta más importante en la caja de herramientas de un padre cuando un hijo se convierte en un pródigo? ¿Qué es lo más importante que podemos hacer cuando nuestros hijos, de trece o treinta y tres años ignoran nuestros consejos y toman sus propias decisiones? Podemos esperar, podemos mostrar paciencia.

Todos los fundamentos siguen siendo de suma importancia en estas etapas difíciles, la risa, el prestar atención, la regla de oro. De hecho, esa regla, la que parece un poco engañosa, que es tan sencilla, de tratar a otros como quieres ser tratado, es algo de lo que nosotros los padres tenemos que depender más que nunca; ¿Cómo quisiéramos que nos traten si nos descarrilásemos? Creo que quisiéramos que nos trataran con amor, con comprensión y con paciencia.

Esto se nos puede hacer muy difícil a nosotros los padres. Queremos darles a nuestros hijos lo que pensamos que necesitan, más que todo, una buena patada en el trasero, en lugar de lo que ellos quieren. Y *por supuesto*, hay un lugar de suma importancia para conversaciones honestas y difíciles, y acciones correctivas, pero recuerde estamos hablando de hijas e hijos que aparentemente no nos están prestando atención, nuestras palabras no los influencian, tampoco nuestros sobornos. Y finalmente tenemos que decirles: hágase tu voluntad.

La paciencia no viene fácil, especialmente en esta era de la gratificación instantánea, no en la era de una crianza de hijos basada en la perfección. Queremos que las cosas estén bien y las queremos *ahora*. Ser paciente puede parecer ser pasivo ante el fracaso, y da la impresión de que nos estamos rindiendo. Nosotros, al contrario, queremos arreglar las cosas, limpiar las cosas. Es algo incómodo y hasta innatural dejar que alguien a quien amamos se quede sentado en su propia inmundicia y no *tratar* por lo menos de poner las cosas en su sitio nuevamente.

Quizás esa sea la razón por la cual la Biblia pone énfasis en que esperemos. «Bueno es el Señor con quienes en él confían, con todos los que lo buscan. Bueno es esperar calladamente que el Señor venga a salvarnos» (Lamentaciones 3.25–26). «Y ahora Señor, ¿qué esperaré? Mi esperanza está en ti» (Salmos 39.7, RVR1960). Habacuc 2.3 dice: «Aunque la visión tardará aún por un tiempo, mas se apresura hacia el fin, y no mentirá; aunque tardare, espéralo, porque sin duda vendrá, no tardará» (RVR1960).

Dios sabe que no somos gente paciente, él sabe que tenemos necesidad de resolver las cosas. Él sabe que nos angustiamos cuando parece que uno de nuestros hijos se está descarriando, la desesperanza que sentimos cuando no podemos hacer nada al respecto. Aun así, nos pide que esperemos.

Y quizás, después de lo que pareciese un millón de años, la espera valió la pena.

Según Life Way Research, setenta por ciento de jóvenes adultos dejan la iglesia durante sus años universitarios;[2] pero el mismo estudio descubrió que dos tercios de esos jóvenes adultos regresan eventualmente. Dejan los caminos de sus padres (por lo general, autoritarios), y forjan sus propios caminos, durmiendo con cualquiera, fumando marihuana, rechazando aparentemente todo lo que sus padres les enseñaron. Pero luego algo hace un clic, se casan, tienen hijos o sacan una hipoteca, y de repente, sus padres, que estaban en las nubes, no parece que estuviesen en las nubes, quizás hasta parecen un poquito sabios.

Fue una hambruna lo que hizo que el hijo pródigo, en la parábola de Jesús, regresara a su casa. Para Andrew Palau fue un momento literal de volver a Jesús en Jamaica. Pero para otros, toma tiempo simplemente, tiempo de madurar y de entender. Jill Savage habló en nuestro programa acerca de una de sus hijas, una pródiga en sus años de adolescencia. Ahora, ya una adulta, esa misma hija a veces repite como una lora las mismas lecciones que Jill le enseñó. Cuando Jill le preguntó respecto a eso, ella simplemente dijo: «Mamá, yo estaba escuchando».

Eso es lo que tenemos que recordar, aunque pareciera que han cerrado sus oídos, nuestros hijos nos están escuchando, nuestras lecciones siguen filtrándose en sus seres, poquito a poquito, aun cuando se estén rebelando.

El doctor Kevin Leman es uno de los expertos en la crianza de hijos más respetados de la nación, y un invitado en el programa Focus on the Family innumerables veces. Por lo que él mismo dice, era un terror es su adolescencia.

Cuando estuvo en el noveno grado llevó a la casa un libro de notas en el cual había fallado en todos los cursos, tenía una gran nota de veintidós por ciento. Y aunque sus notas mejoraron a medida que avanzaba en la escuela secundaria, no fue mucho. Se graduó con el cuarto puesto de su clase comenzando desde abajo.

«Mi consejero académico me dijo que no podía hacerme entrar a la escuela reformatoria», nos dijo a Jean y a mí en un programa en el 2015. «La enfermera principal de mi esposa le dijo: "no te juntes con ese portero, nunca va a llegar a ser alguien". Sin embargo, yo tenía una mamá y un papá, una mamá que oraba por mí cada día de mi vida, una mamá y un papá que tenían fe en mí cada día de mi vida, y tenían muy poca razón por la cual creer. Pero ellos oraban, me cubrían con oración todos los días».

A comienzos de sus veinte, Kevin comenzó a madurar, comenzó a darse cuenta de las cosas. En otro programa él habló de cómo regresó a su antigua escuela, donde fue honrado en la Pared de la Fama. Su madre de noventa y cinco años, la misma mujer que vio su nota de veintidós por ciento años atrás, lo acompañó.

Kevin le dijo: «Ma, engañamos a unas cuantas personas, ¿no?», y su madre le respondió con todo el orgullo que uno se pueda imaginar.

«Oh, mi amor, estoy tan orgullosa de ti, no hay madre más orgullosa de su hijo que yo».

Ese orgullo demoró en llegar, pero llegó. Y como yo he entrevistado a Kevin tantas veces, no puedo evitar ver las similitudes entre él y Trent, y me pongo a pensar: ¿Será que *tengo a un Kevin Leman en mis manos?*

El otro pródigo

Kevin Leman tiene consejos sencillos para los padres: «El fracaso es importante. La gracia, ¿por qué es tan importante la gracia? ¿Será que la necesitamos? ¿Será que nuestros hijos la necesitan?».

Pero hagamos otra pregunta, una en la cual no pensamos con frecuencia. Si el fracaso es tan importante, ¿dónde quedan los chicos que *no* fracasan? Si la gracia es tan importante, ¿dónde quedan los chicos que rara vez la necesitan?

Irónicamente, aquí es donde me preocupo de Troy.

El chico es *tan* bueno, tiene buenas notas y un carácter firme, es muy raro que nos dé problemas a su mamá y a mí. Estoy tan orgulloso de él en diferentes formas, es tan sólido como me pudiese imaginar, me atrevería a decir ¿casi perfecto? Naturalmente, lo llenamos de elogios: «Estoy tan orgulloso de ti, te estás portando muy bien, gracias por ser un buen chico». Yo sé que él se cansa de recibir tantos elogios.

De esa manera reforzamos cuánto valoramos su comportamiento, lo elogiamos por su diligencia, por su liderazgo y por su ejemplo.

Me pregunto si Jean y yo estamos entrenando a Troy para que busque la *perfección*, aunque yo le estoy diciendo a usted que esa búsqueda es mala y dañina. Y me pregunto: ¿le estamos enseñando a sobrevalorar esos elogios? ¿Le estamos enseñando a sobrevalorar los hábitos de comportamiento más que el verdadero carácter del alma? ¿Qué va a pasar cuando deje el hogar para ir a la universidad y ya no estemos cerca de él para elogiarlo? ¿Podría desatarse y estar fuera de control cuando esté fuera del constante refuerzo paterno? ¿Podría convertirse en un fiestero como Andrew Palau? ¿Podría él convertirse en el pródigo?

Y tengo otra preocupación más rara aún: ¿«Qué si él permanece en ese camino derecho, aprobado por los padres, camino que da vida, por el resto de sus días? ¿Habrá algún peligro en ello también?».

Cuando leemos acerca del hijo pródigo en la Biblia, por lo general solo vemos a un pródigo, pero en realidad hay dos.

Jesús hubiese podido terminar la historia en Lucas 15.24, con el retorno del pródigo y el regocijo del padre; en el versículo 22 el padre dice: «¡Pronto! Traigan la mejor ropa para vestirlo. Pónganle también un anillo en el dedo y sandalias en los pies», y en el versículo 24: «Porque este hijo mío estaba muerto, pero ahora ha vuelto a la vida; se había perdido, pero ya lo hemos encontrado. Así que empezaron a hacer fiesta». ¡Qué hermoso final! Un final feliz, rebosando de amor y gracia, y perdón.

Pero Jesús no termina la historia ahí, él llama nuestra atención hacia el hijo mayor, el hijo que se había quedado responsablemente en el rancho, el que nunca se salió de la raya e hizo todo lo que su papá quería que hiciese. Él ve la fiesta que su padre hizo para su hermano menor, el descarriado, y se enoja: «¡Fíjate cuántos años te he servido sin desobedecer jamás tus órdenes, y ni un cabrito me has dado para celebrar una fiesta con mis amigos! ¡Pero ahora llega ese hijo tuyo, que ha despilfarrado tu fortuna con prostitutas, y tú mandas matar en su honor el ternero más gordo!» (versículos 29–30).

No parece justo, no parece correcto.

No solo los padres se ven envueltos en la búsqueda de la perfección, los hijos también lo hacen a veces.

Aunque nadie es perfecto, algunos de nosotros nos vemos muy bien ante los estándares de la sociedad. Hemos hecho lo mejor que hemos podido todas nuestras vidas, quizás necesitemos que nos perdonen por habernos robado una galletita aquí y allá, y eso es todo. Un récord como ese puede hacer que sea muy difícil para esas buenas personas tener compasión por las personas, hijos y hermanos, que meten la pata todo el tiempo. Parece que en esta parábola, Dios nos está pidiendo que derramemos nuestra gracia sobre las personas casi con una abundancia indecorosa, y gastar esa gracia de la forma en que el pródigo gastó su fortuna. Dios no está interesado en que si es justo, correcto o es merecido. Parece como si Jesús nos estuviese diciendo que la gracia se debe dar en porciones descomunales.

Pero esa es una lección muy difícil para aquellos a quienes les enseñaron a ser frugales y justos. Los puede hacer más intolerantes de los errores de otros, y eso los hace legalistas, y los abre al fariseísmo. Comenzamos a mirar nuestras obras buenas y malas como créditos y débitos, como dinero en el banco. Corremos el riesgo de convertir la salvación en un libro de contabilidad, mientras estemos en positivo estamos bien, subconscientemente pensamos que nos podemos salvar a nosotros mismos.

La economía de Dios no funciona de esa manera, para él todos estamos endeudados hasta el cuello, y *solo por medio de* Él podemos ser ricos.

Es una paradoja de la vida cristiana, que cuanto «mejores» somos, más difícil es aceptar la verdad del evangelio. Cuanto más sigamos las reglas, hay más posibilidades de que no entendamos el mensaje principal.

Sé lo malo que he sido, y que soy. No estoy bajo ninguna idea falsa de que puedo ganar mi entrada al cielo. Sé que necesito la gracia de Dios para llegar al hogar celestial. Hay personas mejores que yo que tienen que llegar a entender lo mismo. Comparados con otros pueden ser muy decentes, pero a los ojos de Dios nadie llega al nivel de decente sin su Hijo. Jesús no vino para darnos un pequeño impulso, él no vino a la tierra para que podamos *casi* llegar al cielo, porque somos buena gente. Él murió para *salvarnos*, necesitábamos y todavía necesitamos ser salvos.

Todos somos pecadores, todos somos quebrados. Esa es otra realidad que tenemos que aceptar, tenemos que aceptar la verdad de nuestro propio quebranto y suciedad. Solo cuando nos veamos como Dios nos ve podremos tener la esperanza de ser restaurados totalmente.

✦

CUARTA PARTE

El álbum de los recuerdos

Capítulo Diez

EL GOZO DE LA UNIDAD

✦

¿Quiere ser un ejemplo de humildad para sus hijos? Compre una cuatrimoto o dos. Yo sentí que ya había pasado vergüenza antes de montarme en esa cosa. Vivimos en Colorado, un estado lleno de montañas, y lleno de millones de millas de caminos dignos de vehículos todo terreno. Tome usted unos cuantos pasos en las faldas de las montañas, y obligadamente se va a topar con uno de estos caminos. Camine hacia uno de los lagos, y ¡rumm!, las cuatrimotos estarán por todo lugar. Si usted escucha hablar a un aficionado, tendrá la impresión de que en el instante en que usted compra uno de estos vehículos recreacionales, los caminos prácticamente le estarán llamando por su nombre.

Mi experiencia fue totalmente lo opuesto.

Estaba muy emocionado al comprar un par de cuatrimotos para la familia, Polaris nuevos y relucientes, ya que por por un lado, nos dieron un buen precio, y por el otro, proveían una buena excusa para que la familia saliese de la rutina y explorase el gran estado en que vivimos, pero lo más importante era que yo sabía que a Trent y a Troy les iba a encantar.

Después de comprarlas me di cuenta de algo: yo no sé nada de cuatrimotos, yo soy el chico pobre de Compton, California, ¿cómo iba yo a saber nada de estos vehículos?

Pero la única forma de aprender algo es haciéndolo, ¿verdad? Yo soy un tipo a quien le gusta tomar acción, y como vivimos en una parte del estado a la falda de una montaña cubierta de bosques, pensé que habría algunos caminos cerca de nuestra casa; es más, *estaba seguro* de que habría algunos caminos. «Son fáciles de encontrar», me dijeron.

Pero cuando llevé a los chicos a encontrar los caminos, no los vimos, no los puede encontrar por ningún lado. Me parecía haber manejado por una hora de camino de nuestra casa por todos lados buscando estos caminos para cuatrimotos, y nada. Los chicos estaban sentados en el asiento trasero, pensando que después de todo lo que había manejado su papá iban a terminar en otro estado.

«Papááááá», llamó alguien desde el asiento posterior.

«Ya sé, ya sé», dije con un sentimiento de fracaso que se levantaba dentro de mí.

«Estoy buscando, lo siento».

No encontramos los caminos. Por último, terminamos prestándonos el jardín de cuarenta acres de un amigo, ahí fue donde inauguramos las cuatrimotos de los Daly, vehículos que cuando uno los mira en los comerciales de televisión, da la impresión de que puedes saltar por cualquier riachuelo y escalar cualquier peñasco que uno se encuentre. Y aunque los chicos se divirtieron muchísimo en el jardín de nuestro amigo, yo no me pude sacudir la sensación de que les había fallado.

Prometí que no cometería el mismo error la próxima vez, *y no vamos a montar las cuatrimotos en el jardín de nadie esa vez*, me dije. Esa vez vamos visitar un área del estado conocida por sus caminos para cuatrimotos, cerca del Parque nacional y reserva Grandes Dunas de Arena al sur del estado. Vamos a ir por allá en un viaje con el grupo de estudio bíblico de Trent para acampar, nos quedaremos una noche más, y cuando todos regresen a sus casas, los Dalys van a acumular unas cuantas horas en sus cuatrimotos casi nuevas, y esta vez en caminos de verdad.

O al menos, eso es lo que yo me imaginaba.

Sin embargo, mientras el viaje de campamento estaba en curso, se me hizo un nudo en el estómago que crecía a cada hora.

Vea, yo soy el presidente ejecutivo de un ministerio internacional, tomo decisiones difíciles todos los días, trato con defensores airados y seguidores molestos con más frecuencia de lo que yo quisiera. Estoy en la televisión nacional tomando posiciones supercontroversiales y recibo cartas hostiles, también he recibido amenazas de muerte. Es muy raro que alguna de estas cosas me perturben. Pero la idea de no encontrar un camino tonto de cuatrimotos, la posibilidad de decepcionar a mis hijos me aterraba.

La naturaleza llama

Pídale a Troy que le diga cuál es su actividad familiar favorita, y él le dirá rápidamente y sin equivocación: acampar.

Y yo entiendo por qué.

Puede que para mucha gente suene extraño e ilógico. Para muchas personas, unas buenas vacaciones incluyen restaurantes finos, spas y camas de verdad, ¿por qué quisiera alguien tomar tiempo libre para vivir sin comodidades? ¿Qué clase de sádico le va decir no a un buen bistec, y comer salchichas quemadas? ¿Cambiar una buena cama por un catre ensalzado? ¿O dejar de lado el aire acondicionado por una naturaleza pura, sin adornos e impredecible? ¿Por qué?

Pero nos encanta, en las montañas y los desiertos, lejos de las distracciones del trabajo y la escuela, la TV y los juegos de video, sucede algo especial: hablamos más, escuchamos más y nos reímos más, el ruido de lo cotidiano desaparece, los patrones diarios se esfuman, recordamos quiénes somos.

El hogar está supuesto a ser un lugar seguro, pero para nuestra familia, a veces tenemos que dejar la seguridad del hogar e ir a un mundo habitado por cosas peligrosas. Necesitamos los peñascos y los ríos, el calor y el frío, los osos y los pumas, y muchos, muchos insectos, para ser nosotros mismos. Necesitamos esto para librarnos de las expectativas que nos ponemos sobre nosotros y el uno al otro, para despojarnos del estrés que nos ata en nudos.

Para algunos aficionados, acampar puede ser la cura para la maldición del perfeccionismo. No hay nada perfecto allá. La vida en ese ambiente es complicada y desordenada por naturaleza, un desorden polvoriento, pegajoso, caluroso, húmedo, tonto, lodoso, crujiente, pero de alguna manera nos damos permiso para disfrutar de ese desorden, aun ser parte de él. No nos preocupamos por nuestro cabello, no nos preocupamos por ducharnos cada día (algo por lo cual nuestros hijos están agradecidos), caminamos en la lluvia y nos reímos en lugar de correr a buscar cobijo, chapaleamos por un riachuelo sin preocuparnos por nuestros zapatos, nos raspamos las rodillas, nos rascamos las picaduras de insectos y nos limpiamos las narices en nuestras mangas.

La naturaleza es el terreno de Dios, él nos dio las montañas y los árboles, la belleza y el desorden, ¿y sabe qué? Él dijo que era bueno. Nosotros nos hemos dado aire acondicionado, centros comerciales, carros deportivos y tarjetas de crédito, cosas diseñadas para darnos comodidad, para hacernos más atractivos y envidiables, y nos preguntamos por qué todo eso no nos hace más felices.

Vivir en este maravilloso mundo moderno nos hace perder la vista de lo que nos hace verdaderamente felices. Nos distraemos fácilmente, y en nuestra búsqueda de la perfección nos olvidamos le las cosas «buenas» de Dios.

Pero a veces, aun allá en la naturaleza, nos olvidamos.

Perdidos

Las otras personas del estudio bíblico de Trent se fueron a sus casas, así que la familia Daly comenzó su búsqueda de los caminos para cuatrimotos.

Yo había buscado caminos en el internet y había encontrado un par de lugares que se veían prometedores, cerca Del Norte, a una hora de distancia más o menos; yo estaba seguro de que nos íbamos a encontrar con algunos caminos por allá, ¿no?

Pero parecía que los caminos se habían escondido, no vimos nada. Los chicos permanecieron muy pacientes durante toda esta experiencia, inclusive comenzaron a dar sus sugerencias, pero yo todavía no me podía deshacer de la sensación de que estaba a punto de decepcionarlos.

Nuevamente.

«Lo siento», les dije con un sentimiento de que estábamos repitiendo la experiencia anterior. «De veras ¡lo siento!».

Dicho sea de paso, este es mi secretito sucio, mi ídolo: aunque yo no espero que mis hijos sean perfectos, *yo* sí espero serlo, quiero vivir a la medida del título del Mejor papá del mundo, no quiero decepcionar a mis hijos. Cuando yo era niño, mis papás me decepcionaron vez tras vez, y yo me hice la promesa de que sería diferente, que sería mejor, que *nunca* los decepcionaría.

Pero ahí me encontraba yo, decepcionándolos

Mi ansiedad creció con cada milla, parecía que el nudo que se había formado en mi estómago al comienzo del campamento estaba llenando todo mi cuerpo, metiéndose hacia arriba hasta llegar a mi garganta. Vi a un policía al lado del camino, con su pistola de velocidad en mano, pensé en interrumpirle. *Eh,* quería hacerle una pregunta, ¿sabe dónde se puede encontrar un camino para cuatrimotos por aquí? ¿Un lugar *donde mis hijos de quince y trece años puedan manejar un rato? ¿Qué? ¿Tienen que tener dieciséis años? ¿Aun si son maduros para su edad?*

Decidí que sería mejor no preguntarle al policía.

En lugar de eso, fui a una tienda y me acerqué solapadamente a la vendedora. En estos momentos, sentía que la búsqueda de un buen camino para cuatrimotos era algo indecoroso, un secreto que la gente normal no debe saber. Cuando me acerqué a la joven que estaba detrás del mostrador (quien quizás tendría unos dieciocho años), parecía que estuviese haciendo un trato para comprar drogas: *pssst… ¿sabe dónde puedo encontrar un camino para vehículos todo terreno?*

Resulta que ella no sabía, y yo temía que iba a tener que regresar a mi camioneta avergonzado. En ese momento sentí lo que deben sentir Trent y Troy cuando tienen que entregarnos sus libros de notas con una D en él; podía sentir la decepción y aun el desdén de mis hijos, les había fallado nuevamente.

Me sentí como si estuviese enfermo.

Pero antes de que yo me diera la vuelta y me fuera, la joven mencionó que había un tipo que atendía la cafetería al otro lado de la pista, quien podría saber. Salí disparado hacia la cafetería y le dije al trabajador de ahí que francamente no tenía interés en comprar nada, sino que tenía que encontrar algún camino para cuatrimotos.

«Claro», dijo, «hay cantidad de caminos por aquí, a veinte minutos de camino por la carretera. Solo tome la autopista 160 este y...».

Entiendo. Sus indicaciones nos mandaban al mismo campamento donde habíamos estado, irónico.

Regresa al lugar al que perteneciste una vez

Las familias quebradas son así un poquito. A veces nos sentimos perdidos, como que no existe un camino al cual nuestras familias puedan regresar, un lugar seguro. A veces, cuando hemos pasado tantos años atrapados en nuestra búsqueda de la perfección, cuando hemos amontonado tanto menosprecio sobre nuestros seres queridos y vergüenza sobre nosotros, parece imposible que algo vuelva a lo correcto nuevamente.

Pero a veces podemos encontrar una forma de ir hacia adelante, y salir de las trampas de la imperfección y nuestra repugnancia por los desórdenes, cuando volvemos al pasado, cuando recordamos los mejores tiempos, los tiempos divertidos, los tiempos cuando nuestra familia se sentía bien... o por lo menos mejor.

¿Qué tenían en común estos tiempos especiales?

Regrese al comienzo, cuando usted cargó en sus brazos a su hijo la primera vez.

Ese momento puede tener capas de complejidad inimaginables. Las mamás primerizas pueden sentirse tristes o llenas de una angustia inexplicable. Tanto los papás como las mamás pueden tener una sensación de alivio o logro, y muchos de nosotros en esos primeros momentos en que cargamos a esa nueva vida en nuestras manos nos podemos sentir temerosos e indignos. Puede que la ansiedad o preocupación que sentimos no esté en nuestros labios o en nuestros pensamientos, pero late en algún lado en nuestro interior, en nuestras almas. *Yo tuve parte en traer esa vida al mundo*, son las palabras que oímos. *Espero no meter la pata, espero ser un buen padre.* Si usted es como yo, cuando Trent estuvo en mis brazos por primera vez, ese milagrito chiquito sin dientes, puede que usted haya hecho una oración: *Señor ayúdame, Señor ayúdame a ser un buen padre, ayúdame a ser el mejor padre que pueda ser.*

Generalmente sentimos algo más, algo más poderoso, más primordial que ninguna otra emoción que se agita en nuestras mentes y nuestros cuerpos, a veces puede ser lo más poderoso que hayamos sentido en nuestras vidas.

Amor, asombro, gozo. Algo tan poderoso que no encontramos la palabra adecuada, algo tan fuerte que reímos y lloramos, y nos quedamos sin aliento, todo en un mismo respiro.

Fue como si Dios hubiese envuelto el cielo en un cuerpecito chiquito y nos lo hubiese dado a nosotros, no importa si tiene manchas en la cara o el cuero cabelludo grasoso, no importa lo que su futuro depare, un futuro con éxito sin restricciones o de constante lucha, nada importa sino él o ella. Y qué bendición estar con su bebé ahí en ese momento.

Cuando nos casamos en una iglesia, la mayoría presta juramento ante Dios de amar y cuidar, en riqueza y en pobreza, en enfermedad y en salud. Decimos algo semejante con algunas variantes quizás, y lo decimos de corazón. Pero cuando nace un hijo, no es necesario ningún juramento. La mayoría de los padres saben en lo profundo de su ser, que tal como nada nos podrá separar del amor de Dios, nada podrá separar a nuestros hijos de nuestro amor. Ni lo alto, ni lo profundo, ni lo presente, ni lo porvenir. Nuestro amor es incondicional, nuestro amor es eterno, hasta que la muerte nos separe.

Ahora piense en los recuerdos más poderosos que usted tiene de su hijo, sea que tengan seis meses, dieciséis años o quizás sea mayor. Recuerde sus primeros pasos, la primera vez que comió un pedazo de torta o pastel de cumpleaños, la primera vez que manejó la bicicleta, cuando le dio flores por su cumpleaños, cuando lo cargó en sus hombros.

¿Qué hay de común entre esos momentos?

Le aseguro que cuando usted piensa en esos momentos tan importantísimos, ninguno tiene muchas palabras.

Seguro que podemos nombrar algunas excepciones. Dios nos creó para comunicarnos con otras personas. Algunos de nuestros momentos más preciosos pueden incluir algunas frases resonantes como: «Te amo». «Eres mi héroe». «Lo siento». Y sí, algunos momentos en los cuales haya más acción tienen algunas palabras conectadas a ellos. Quizás le gritábamos palabras de aliento a nuestra hija mientras manejaba la bicicleta por primera vez, o elogios a nuestro hijo en su recital de violín. La risa salpica muchos de nuestros mejores recuerdos.

Pero la mayoría de nuestros recuerdos más profundos y llenos de alegría no necesitan ninguna palabra; el lenguaje es innecesario, es más, es insuficiente.

En contraste, aquello que tiende a dividir a nuestras familias poquito a poquito, las cosas que nos quiebran, rebosan de palabras.

«Eres un fracaso».

«¿Por qué no te puedes portar bien?».

«Eso no es suficiente».

Cuando buscamos la perfección, la buscamos por medio de las palabras, instruimos, demandamos, gritamos y acusamos. Aun cuando nos cerramos, cuando tratamos a nuestros cónyuges o a nuestros hijos con la ley del hielo, nuestras mentes continúan trabajando a tiempo extra, formulando nuestras quejas, tabulando las formas en que nos han hecho daño, creando discursos y hojas de cálculo para ilustrar cuánto nuestros seres queridos nos han defraudado.

No estoy criticando el lenguaje, gran parte de mi trabajo incluye hablar para ganarme el pan diario, y a veces hay cosas muy importantes que tenemos que decir.

Pero cuando miramos hacia atrás y pensamos en nuestros momentos más preciosos, lo que nos recuerda el amor que tenemos el uno por el otro, ¿cuántos son sermones, discursos o ataques verbales? ¿Cuántos involucran decirle a alguien cuánto están fracasando?

Me imagino que no muchos, es más, seguro que esos sermones, los que dimos o recibimos, son las cosas que más nos gustaría olvidar. Esos momentos pueden dañarnos, avergonzarnos, y hacernos desear estar en cualquier otro lugar menos donde estamos. Cuando nuestra meta es fortalecer los lazos familiares, a veces las palabras pueden interferir con esa meta.

Y aun las palabras que recordamos con cariño, cuando nuestro papá nos enseñaba a arreglar el carro, o cuando nuestra mamá nos llevaba a pasear al parque para divertirnos, tendemos a recordar los sentimientos de cercanía que sentimos al estar cerca de ellos, no las palabras en sí. Cualesquiera que sean las lecciones que aprendimos, se han quedado con nosotros, pero cuando recordamos el momento, no son las palabras las que resuenan, sino la voz, el olor, la sensación de unidad.

«Las acciones hablan más fuerte que las palabras», dice el antiguo cliché. Cuando estamos tratando de parchar una familia que se está quebrando o una que ya es fuerte, es verdad. Nuestras acciones hablan por nosotros y, por lo general, con más elocuencia y con más poder que las palabras que nosotros pudiésemos usar.

Unidos

Jesús sabía que aprendemos más por las acciones que por las palabras. El Hijo de Dios mismo era un hombre de acción, caminaba por toda Judea, incluso en los lugares a donde los buenos hombres judíos no iban. Sanó a los ciegos y levantó a los muertos. La Biblia no nos dice qué es lo que les dijo a las cinco mil personas que se le juntaron una tarde, pero sabemos que de alguna forma, él los alimentó con cinco panes y dos peces (Marcos 6.30–44). Seguro, lo que nos enseñó es de suma importancia, pero aun en ese entonces Jesús, por lo general, enseñó por medio de parábolas. La mayoría de sus historias están llenas de acción: un padre que hace una fiesta para su hijo pródigo, un buen samaritano que carga a un viajero que había sido golpeado y lo lleva a una posada para que reciba cuidado, un pastor que rescata a una oveja perdida.

Debo confesar que yo soy parcial a la acción. Jean es un padre más formal, de los que les gusta sentarse a conversar. A ella le gusta sentarse alrededor de la mesa y tener tiempos de devocional formales con los chicos, pero a veces creo que es tan difícil para Trent y Troy sentarse tranquilos por algún momento para poder captar algo, o quizás será porque para mí mismo me es difícil sentarme tranquilo.

Cuando yo les quiero hablar a los chicos, me gusta hablarles mientras estamos haciendo algo diferente, como ir de caminata o de pesca, o quizás jugando golf. Algunas de nuestras mejores conversaciones se han dado mientras estábamos camino a la escuela en el carro. A los hombres y a los chicos especialmente, nos gusta enfocar parte de nuestras mentes en algo totalmente diferente al tema a tratar. Nuestros pensamientos encajan un poquito mejor y nuestras palabras fluyen con mayor facilidad. Quizás cuando el cuerpo está en funcionamiento, la mente sabe que puede relajarse un poquito, y creo que una mente relajada es una mente más receptiva.

Ambientes diferentes pueden reforzar lo que queremos decirles a nuestros hijos. En África, parecía que Troy estaba muy impresionado con la pobreza que vio. En un momento dado le pregunté: «¿Has pensado por qué Dios te ha puesto donde te ha puesto? ¿Por qué puso tu espíritu en este cuerpo? ¿Por qué te puso en nuestra familia? ¿Por qué nos puso a todos nosotros en nuestro país, con todas las bendiciones que hay en él?». Yo quería que él pensara en eso por un momentito. Nuestras vidas podrían haber sido muy diferentes. Y aunque yo le podría haber preguntado lo mismo en una conversación de corazón a corazón cuando hubiésemos regresado a la casa, le impactó más al estar rodeado de la necesidad y la pobreza de estos niños alegres y gritones.

¿Era necesario que le preguntase? El poder ver a Zambia por sí mismo y conocer a estos muchachos, habló con mayor elocuencia de lo que yo le pudiese haber hablado. Él va a recordar ese viaje por el resto de su vida, todos lo vamos a recordar.

Recuerdos

En uno de mis libros anteriores, *The Good Dad* [El buen papá], he dado a entender que las experiencias que compartimos ayudan a forjar vínculos entre nosotros y nuestros hijos, lazos que esperamos, no se rompan. Sugerí que es un poquito como el juego de spiribol. Imagínese que usted es el mástil y su hijo es la pelota, un cordón los conecta a los dos, un cordón hecho del afecto y el amor que comparten. Cada recuerdo que crean juntos tiene un impacto en esa conexión, los malos recuerdos lo pueden debilitar o deshilachar, pero los buenos recuerdos lo fortalecen. Cada hebra de recuerdo que fabricamos, por medio de un juego de baloncesto, un paseo al zoológico, el drama de la escuela por el cual elogiamos a nuestro hijo, se añade a la conexión, haciendo que los lazos entre madre e hijo y padre e hijo se fortalezcan y sean más resistentes. Acumule una buena cantidad de estos recuerdos, y será imposible romper esa conexión, no importa qué momentos difíciles vengan en el futuro.

Y ¿qué si la conexión ya se ha debilitado más de lo que usted quisiera? ¿Qué si se ha deshilachado debido a los argumentos constantes o a su gran deseo de alcanzar la perfección? ¿Qué si hemos pasado demasiado tiempo rebajando a los miembros de nuestras familias y a nosotros mismos? Cuando las familias se estresan y se ponen ansiosas por las expectativas exageradas, se les puede hacer difícil darle vuelta a la situación.

Cuando el ambiente familiar está tan envenenado, parece que todo lo que nos decimos el uno al otro, aun lo que decimos con las mejores intenciones, hace que las cosas se pongan peor. Cada palabra puede sonar como una acusación, cada oración tiene la posibilidad de hacer que alguien se enoje o se ponga a la defensiva. Puede parecer que, por más que deseáramos que así no fuese, cada conversación deshilacha la conexión un poquito más.

En momentos como estos, tenemos que seguir el ejemplo de Jesús, tenemos que recordar que nuestras acciones pueden comunicar un mensaje más elocuentemente que nuestras palabras. Así que deje los sermones para más tarde, empuje a un lado las recriminaciones, sean estas justificadas o no. Aun cuando sepamos que *tendremos* algunas conversaciones difíciles más adelante, a veces tenemos que cerrar la boca, abrir nuestros ojos y crear recuerdos. Tenemos que recordar lo bueno y lo hermoso de estar juntos. A veces el único sonido que tenemos que escuchar es el sonido que hace una pelota de baloncesto al entrar en la red, el chirrido de los grillos durante una caminata por la tarde o el ruido sordo de los clavos cuando armamos una casa para pajaritos juntos.

O en mi caso, el rugido de un motor.

El término del camino

Finalmente encontramos el camino para cuatrimotos, y fuimos a toda velocidad a través de la maleza en las faldas de las montañas arenosas y llenas de salvia de Alamosa, y pasamos un tiempo grandioso.

O por lo menos la mayoría de nosotros.

En realidad, el nudo en mi estómago no desapareció ese día, no llegué al punto en que pude dejarlo. *No sé qué estoy haciendo,* pensé, *soy un perdedor, me demoró tanto encontrar este lugar, desperdiciamos tanto tiempo...*

Pero Trent y Troy no se contagiaron con mi ansiedad y mi búsqueda de la perfección.

Trent había tenido un año difícil en la escuela, su mamá y yo habíamos estado detrás de él constantemente, tratando de mantenerlo en línea. La vida en el hogar se había puesto muy estresante para los tres, conversamos mucho acerca de las notas y las tareas. Probablemente a Trent le parecería que cada vez que Jean y yo le hablábamos era solamente de la escuela, lo que no estaba haciendo, lo que *debería* estar haciendo y por qué no era tan bueno.

Pero allá, en esa cuatrimoto, casi se podía ver el estrés cuando se caía de sus hombros, podía verlo relajado, nadie lo estaba presionando por sus notas. No tenía la preocupación de mostrarnos a Jean y a mí su última prueba de álgebra o terminar su tarea. Esa tarde, lo único que tenía en la mente era manejar esa cuatrimoto. Yo podía verlo manejar ese aparato con gracia y confianza. Cuando nos detuvimos un par de minutos para cambiar de pilotos pude ver su sonrisa, y sentir su energía y emoción. No tuvo que decirnos que la estaba pasando bien, lo podíamos sentir.

Él era su propia persona esa tarde, y más que eso, era lo mejor de él.

A veces las expectativas, sean justificadas o no, se pueden sentir como cadenas que nos jalan hacia abajo, y cuando podemos quitarnos esas cadenas, aunque sea por una tarde, nos sentimos más fuertes y mucho mejor. Aunque yo no pude quitarme mis propias cadenas, Trent sí lo hizo, y la diferencia era notoria.

Lo más importante es que creamos un recuerdo esa tarde, pusimos una hebra más en la conexión.

Trent tiene dieciséis años ahora, mientras escribo este libro él estará entrando en su segundo año de secundaria, en el cual afrontará nuevos problemas, conocerá a nuevos maestros, y nuevamente, tratará con nuevas expectativas y otras presiones.

Ninguno de nosotros sabe qué le deparará el año entrante. Estoy seguro de que él va con las mejores intenciones, pero ninguno puede decir con seguridad si todas esas buenas intenciones darán buenos resultados. No sabemos si nuestras discusiones acerca de sus notas son algo del pasado o tenemos por delante otro año estresante.

Incluso si nos encontramos con los mismos asuntos, sé que los sobreviviremos, porque aun cuando discutimos, tenemos algunas cosas bien seguras: Trent sabe que Jean y yo solo queremos lo mejor para él, y yo sé que no importa qué luchas tenga a veces, su corazón y su carácter son sólidos. La conexión entre nosotros es fuerte, y los recuerdos que creemos y el tiempo que pasemos juntos creándolos solamente la harán más fuerte.

Capítulo Once

TRANSICIONES

✦

Cuando Yuma Hasegawa celebró sus veintiún años el 4 de octubre de 2015, sus padres le dieron un regalo superespecial: una carta de renuncia.

«Nota de vencimiento de los servicios de crianza», decía la nota en japonés. «De aquí en adelante, conviértase en un miembro de la sociedad correcto y responsable, como su papá y su mamá. Además, si desea seguir viviendo en la casa de la familia Hasegawa, por favor sírvase pagar la suma mensual de 20 000 yen ($168,00) de alquiler, servicios y gastos de comida. También, sepa que si pide un préstamo de sus padres, se le cobrará intereses».[1]

La nota era una broma nada más, Yuma Hasegawa ya le había estado pagando alquiler a sus padres. Pero la nota ilustra la falsa idea que muchos padres albergan cuando entran a la papaidad y la mamaidad, el hecho es que *no hay fecha de vencimiento*.

Quizás asumimos que nuestra tarea finaliza cuando nuestros hijos cumplen dieciocho y terminan la escuela secundaria, quizás a los veintidós o cuando se gradúan de la universidad, o quizás en el medio. Imaginamos que hay una línea entre la niñez, etapa en la que los padres están encargados del show, y la mayoría de edad, cuando nuestros hijos se responsabilizan totalmente de sus vidas, y nuestros deberes paternos se reducen a cocinar el pavo para la cena de Navidad.

Pero la niñez no es así, nunca ha sido así, y ya no lo es. Parece que la pubertad está carcomiendo tanto a la niñez como a la mayoría de edad, comenzando cuando nuestros hijos tienen nueve o diez y durando hasta el fin de los veintitantos. La mayoría de los padres no escriben una carta de renuncia, trabajan sobretiempo. Y se ven forzados a lidiar con la adolescencia, una etapa crítica y dolorosa, con angustia, tensión, estrés escolar, y cambios masivos, por mucho más tiempo.

Los chicos pasan a la pubertad a una edad mucho más temprana. Cuando entran a los años finales de la escuela primaria, se ven forzados por la escuela, la cultura y a veces por sus propios padres, a ser más inteligentes y enfocados de lo que nosotros fuimos cuando teníamos su edad. Cuando llegan a los grados más avanzados, ellos y sus padres ya están haciendo planes para ir a la universidad, así que comienzan a prestar atención a los puntajes finales, sudan en los exámenes y lloran cuando sacan una C, participan en un montón de actividades extracurriculares para que alguien en Yale University tome nota de ellos. La búsqueda de la perfección comienza temprano.

En medio de todo este estrés escolar, más que nunca nuestros hijos están expuestos a las groserías y la suciedad cultural. El lenguaje que antes era propiedad de los marineros ha llegado a ser chachareo en la cafetería de la escuela. A la edad en que la mayoría de nosotros, los padres, estábamos tratando de tomar coraje para tomarle la mano a alguien, nuestros hijos se ven presionados a mandar al ciberespacio fotos al desnudo de ellos. Según un estudio de Drexel University en 2014, más de la mitad de los estudiantes universitarios que ellos encuestaron habían mandado o recibido textos o imágenes sexualmente explícitas antes de cumplir dieciocho años.[2]

Y si usted piensa que las familias cristianas que asisten a la iglesia son inmunes, ni lo crea.

Mientras tanto, los *hijos adultos* se están demorando en aceptar todas las responsabilidades que son parte de la mayoría de edad. Los científicos dicen que nuestros cerebros no están totalmente formados sino hasta la edad de veinticinco años, y para algunos, recién a esa edad *comienzan* a valerse por sí mismos. Se casan más tarde y se quedan en la casa por más tiempo. De hecho, en el 2014, más millenials, jóvenes adultos entre la edad de dieciocho y treinta y cuatro años, aún vivían con sus padres que los que se habían casado y vivían por su cuenta. Este era el caso por primera vez en *ciento treinta años*.

Crecer en el siglo veintiuno se ha convertido en un proceso tan misterioso y plegado de ansiedad que los millenials han acuñado un nuevo verbo para describirlo: *adulteando*.

Estas tendencias pueden ser síntomas de todo lo que hemos hablado en este libro, incluyendo la presión que los padres ponen sobre sus hijos para que nunca fallen, lo cual conduce a más estrés y ansiedad en la escuela. Toda esa presión, todas las preocupaciones de no ser tan buenos, los lleva a que busquen amor y afirmación en otro lugar, aun si tienen que tomarse fotos al desnudo. Irónicamente, esa misma presión puede crear una cultura de precaución excesiva. Están tan preocupados por el fracaso que temen tomar decisiones grandes y dar saltos grandes por sí mismos.

Cuando tienen trece años, nuestros hijos quieren crecer inmediatamente, pero cuando llegan a los veintiuno, tienen temor de crecer. Da la impresión que toda una generación se ha quedado atascada en la edad de diecisiete años.

Quizás como padres deberíamos ser más compasivos, después de todo, crecer *no es fácil*. Aunque queremos libertad, las responsabilidades que vienen con ella pueden ser amedrentadoras.

Maduramos en incrementos, no crecemos por arte de magia cuando cumplimos dieciocho o veintiuno. No sucede al momento de sacar nuestra licencia de conducir, o cuando tomamos nuestro primer trago de cerveza legalmente, o cuando votamos por primera vez. Muchas veces ese proceso no es nada divertido, ni para los hijos ni para los padres; está lleno de transiciones, y cada transición vendrá con su porción de dolor.

Muchos padres, y probablemente muchos hijos, tratan de evitar esas transiciones por el tiempo que puedan. Nos gusta mantener las cosas cómodas, seguras y en orden. Las transiciones, después de todo, pueden ser muy caóticas. Pero no importa que tanto pateemos y gritemos, de todos modos van a llegar. Todos tenemos que crecer en algún momento, y si no lo hacemos, vamos a caer en un mundo de dolor.

¿Cómo navegamos por estas transiciones sin volvernos locos? Siendo firmes y flexibles, y quizás lo más importante, permitiéndonos ser falibles.

El establecimiento de los límites

Desde que nuestros hijos comienzan a dar sus primeros pasos en la casa con sus piernitas temblorosas, los padres comenzamos a poner límites. En un inicio estos límites son físicos, ponemos a nuestros hijos en un corralito, ponemos rejas para bebés en las escaleras, y nos aseguramos de cerrar la puerta que da al patio. A medida que el tiempo pasa comenzamos a aumentar los límites en otras áreas de sus vidas también: *no puedes comer el postre hasta que termines toda tu comida, no puedes jugar juegos de video hasta que termines tu tarea, no puedes quedarte despierto hasta las 9:00 p.m. en las noches durante la semana escolar.*

Esas reglas son importantes. Como el corralito o las rejas para bebés, ellas establecen el perímetro por dónde y cuándo nuestros hijos pueden deambular, ya sea física, espiritual o culturalmente, con seguridad y comodidad.

Aun ahora que nuestros hijos ya han crecido, Jean y yo tomamos los límites con mucha seriedad. Estamos al tanto de los juegos que juegan y las películas que miran. Queremos asegurarnos de que no se queden afuera con sus amigos hasta tarde en la noche, y no van a muchas pijamadas.

Por años no les permitimos tener celulares, algo que muchos chicos considerarían cruel y raro. Aunque muchos de sus amigos tenían celulares, nosotros nos mantuvimos firmes. Cuando nos pedían que les compráramos celulares, y lo hacían con frecuencia, les respondíamos: «Todavía no es el momento, pensamos que son muy peligrosos para ustedes».

Ellos aceptaban nuestra decisión con una buena actitud. «Está bien», nos decían. Una vez, Trent le dijo a Troy que sería mejor que no insistiesen. «Troy es muy probable que no tengamos celulares hasta que cumplamos los dieciséis años y tengamos nuestra licencia para conducir», le dijo, «así que acéptalo no más». Y lo dijo como lo diría un padre, sus palabras me impresionaron.

(Ya tienen celulares, dicho sea de paso. Yo abrí unilateralmente esa puerta hace un año más o menos en Disneylandia, para poder mantenernos en contacto con ellos. Les compré a ambos unos teléfonos baratos que no tenían acceso al internet. Ninguno de ellos tenía su licencia para conducir, pero no les faltaba mucho).

Lo bueno de los límites sólidos es que una vez que ellos saben dónde están, y si usted los refuerza constantemente, la mayoría de los chicos los van a aceptar con una pequeña queja solamente. Esos límites son como rejas de bebé puestas en lugares estratégicos: no importa cuánto llores o hagas puño, esas rejas no se van a mover, así que ve a hacer otras cosas.

Pero las rejas para bebés no permanecen para siempre; a medida que sus hijos crecen la forma de los límites tiene que cambiar. Y a veces los padres que están desesperados por controlar a sus hijos y reducir el caos, los cambian lentamente. Los años de adolescencia pueden ser un buen tiempo para que practiquen un poco.

Cuando Trent cumplió catorce, y me refiero al día exacto en que los cumplió, yo estaba llevándolo a la escuela en el auto y le dije: «Trent, ¿puedes creer que el próximo año vas a tener tu permiso para conducir? ¡Vas a manejar!». *Qué locura*, pensé; *parecía que hacía poco yo podía levantar a Trent y hacerlo volar por el aire, ahora está creciendo como un carrizo y a punto de entrar a su segundo año de la escuela secundaria con un permiso para conducir.*

Pero yo quería profundizar la conversación, quería recordarle las libertades y responsabilidades, y los límites que vienen con ello.

«Déjame hacerte una pregunta», le dije. «Acabo de tener en el programa a unas personas que habían decidido no establecer una hora rígida de llegada a la casa para sus hijos. El papá se había sentado con sus hijos, un muchacho y una muchacha adolescentes, y les dijo que llegasen a una hora razonable. Bueno, la muchacha siempre llegaba a la casa mucho más temprano de lo que se esperaba. Si hubiese habido una hora establecida, hubiera llegado dos horas antes; pero su hijo siempre llegaba muchísimo más tarde. Para él, una hora razonable era como las dos o tres de la mañana, así que el padre tuvo que cambiar las reglas para su hijo, y le tuvo que quitar las llaves para enseñarle a llegar temprano a la casa».

«¿Cómo sería contigo?, le pregunté a Trent». «Cuando tengas tu licencia para conducir, ¿te gustaría que hagamos lo mismo? ¿O preferirías una hora fija de llegada a la casa?».

Trent se rió.

«Creo que preferiría tener una hora firme», me dijo. «Prefiero saber cuál es el límite».

Esa conversación pudiese haber sonado como una conversación inofensiva, pero espero que haya logrado dos cosas por lo menos.

Primero, hice que Trent pensara en el tipo de persona que él es respecto a los límites, ¿Maneja mejor los límites firmes o los blandos? ¿Puede confiar en sí mismo con pautas borrosas y razonables? ¿O es el tipo de persona que tiene la tendencia a empujar los límites? Yo ya sabía la respuesta, a Trent le gusta empujar; pero una cosa es que *yo* lo vea, y otra cosa es que él lo vea por sí mismo. Cuando nos entendemos a nosotros mismos, tenemos una ventaja para descubrir cómo ser adultos buenos, sabios y productivos. Al entendernos a nosotros mismos, aprendemos a establecer límites que pueden dominar nuestras debilidades.

La conversación también abrió una puerta importante. Yo lo estaba invitando a ayudarnos a Jean y a mí a establecer las reglas para él. Cuando nuestros hijos sienten que tienen algo de influencia en los límites que uno establece, hay más probabilidad de que los sigan. Si ellos ayudaron a establecer la hora de llegada a la casa de las 11:00 p.m., dos semanas más tarde no se van a quejar de lo injusto que es esa hora.

Tenemos que recordar que la paternidad no se trata de proteger un juego de reglas arbitrarias, sino de ayudar a nuestros hijos a que crezcan y se conviertan en adultos fuertes, sabios y comprensivos. Desde una temprana edad esas reglas y límites les están ayudando a aprender eso, y los están guiando en la dirección correcta; reglas como: trata a los adultos con respeto y termina tu tarea cuando dijiste que la ibas a terminar. Pero a medida que nuestros hijos crecen y les damos la oportunidad de formar sus propios límites, toman un rol más amplio. En lugar de dirigirlos de la mano para que hagan lo que *deben* hacer, que es lo que uno quiere que hagan, uno puede caminar más al lado de ellos, y guiar cuando sea necesario, pero guiando cada vez menos.

Ser adulto quiere decir que uno establece sus propios límites; quiere decir tomar sus propias decisiones aun cuando esas decisiones no siempre den buenos resultados (o plazcan a mamá y a papá).

Riesgos

En el verano del 2016, la familia Daly llevó sus vehículos todo terreno al Parque Nacional Zion; aunque no se pueden usar estos vehículos dentro del parque, hay cantidad de caminos afuera en los que sí se pueden manejar, y usamos bastante esos caminos.

Permití que Troy manejase una de las cuatrimotos en algunas de las dunas cercanas y fue bastante rápido (sí teníamos cascos... era obligatorio). Yo estaba agarrándome en el asiento de atrás, dimos vueltas muy rápidas cubriendo terreno a una buena velocidad. De repente vimos delante de nosotros el borde de una duna que se acercaba rápidamente, era un borde alto, y no había forma de que ninguno de nosotros pudiese ver lo que había al otro lado. Ese borde podría haber escondido otro tramo de arena o podría haber ocultado una saliente o el terraplén de un río seco, y quién sabe, quizás un precipicio, después de todo estábamos en la parte silvestre de Utah, y uno nunca sabe cuándo un cañón puede aparecerse de la nada.

Pensé en decirle a Troy que disminuyese la velocidad, pero era demasiado tarde, estábamos yendo muy rápido. En un segundo tocamos el borde de la duna y salimos *volando*, las ruedas daban vueltas y el motor chirriaba. Si alguien hubiese grabado el momento, lo pudiesen haber usado para un comercial de vehículos todo terreno, solo si arreglasen la cara de susto plasmada en mi rostro; estoy seguro de que fue impresionante.

¡Fuum!

Aterrizamos verticalmente, Troy patinó hasta parar. Miramos dónde estaban las huellas y vimos, sin mentirle, cuatro metros y medio de arena sin huella alguna desde el punto en que saltamos hasta el punto en que aterrizamos.

«¡Troy!», le dije.

«Sí», me dijo, con su casco puesto todavía. «Lo siento, fui muy rápido».

¿Recuerda que dije que a medida que pasa el tiempo, queremos llegar a estar en una posición en la cual caminemos al lado de nuestros hijos en lugar de guiarlos? ¿Quizás guiarlos con una palabra útil o dos? Permítame corregir lo que dije: a veces, a medida que nuestros hijos pasan por esas transiciones, de la infancia a la mayoría de edad, no siempre se siente como que estamos caminando tranquilamente al lado de ellos, a veces se siente más como que estoy yendo con Troy, agarrándome del chico a medida que sale disparado, con la esperanza de que ninguno de nosotros vaya a morir.

Troy siempre ha tenido abundante confianza, yo le llamo valentía estúpida.

Esa confianza también se muestra en formas más positivas que en experiencias llenas de suspenso. Mis dos hijos juegan fútbol, y Troy es el tipo que siempre le da una palmada en el casco o un golpecito en la espalda a los otros chicos y les dice: «¡Bien hecho, buen trabajo!». Él se acerca a la pila de chicos y les ayuda a levantarse. Se necesita algo de valor con esa actitud entusiasta, la confianza para animar a tus compañeros de equipo. Yo también jugué fútbol en la escuela secundaria, y no creo haber hecho lo mismo, me sentía demasiado agobiado, siendo el mariscal de campo, pensando en el próximo juego que tenía que decir en voz alta, estaba nervioso casi todo el tiempo. Pero son pocas las cosas que ponen nervioso a Troy, me parece que él ya tiene aptitudes de líder, y los líderes tienen que tomar riesgos.

Por otro lado, Trent, tiene su propia clase de confianza, quizás él no salga disparado por el borde de una duna, como Troy. Él calcula más las cosas cuando tiene que arriesgarse, en este caso hubiese manejado hasta el borde de la duna y mirado hacia el otro lado. La confianza de Trent está centrada en su habilidad de pensar. Es un chico bien centrado y sabe cómo usar su cabeza; es polemista por naturaleza, y muy terco, y rara la vez retrocede ante un reto intelectual o argumentativo, aun cuando debería hacerlo.

Nuestros dos hijos se arriesgan de diferente manera, y hasta cierto punto eso es exactamente lo que los padres quieren. He mencionado antes que crecer en un hogar seguro, en el que los hijos saben que sus mamás y sus papás los respaldan, les da autorización para ser osados, para tomar oportunidades, para vivir la vida llena y con el propósito que Dios quiere que vivamos. Nuestros muchachos son líderes en diferentes formas. Troy es el que da palmazos, el que anima, el sociable. La mente fuerte y la terquedad de Trent hacen que sea un idealista; imagino que el rey David fue ese tipo de chico, y José también, firmes y además tercos. Dios crea este tipo de personas con un propósito especial. Jean y yo hemos dicho que si Trent se mantiene en el lado bueno, Dios va a usar su habilidad de liderazgo.

Pero cuando están en medio de la transición, decidiendo qué tipo de persona quieren ser y están empezando a tomar decisiones por su cuenta, los padres nos preguntamos a veces si nuestros hijos se van a quedar en el lado bueno. Cuando nuestros hijos toman riesgos y definen su propio carácter por medio de esos riesgos, es difícil para los padres sentarse tranquilamente y relajarse.

A Troy le va muy bien, pero a veces me preocupa que por causa de su cordialidad y su deseo de agradar, y porque no tiene ningún miedo de tomar riesgos físicos, pueda ser más propenso a ceder a la presión del grupo; pueda ser jalado hacia una puerta dañina; pueda tomar riesgos en la universidad que Jean y yo preferiríamos que no tomase.

Esta no es mi preocupación con Trent. Tengo la confianza de que cuando salga de la casa nadie lo va a convencer de hacer *nada* que él no quiera hacer. Por supuesto que esa mentalidad trae sus propios retos, es muy posible que él diga o haga algo que pueda ofender a alguien: gritarle a alguien en el equipo de fútbol de la universidad, por ejemplo, o contestarle da mala manera a su jefe.

Si eso sucediese, creo que sería para su bien. La vida lo podría humillar un poquito, porque la vida nos humilla a todos de una forma u otra.

Lávese las manos

Ya hemos hablado de la importancia de dejar que nuestros hijos tomen responsabilidad por sus propias decisiones. Tienen que responsabilizarse por sus decisiones. Sin embargo, en los tiempos de transición, los padres no solo nos preocupamos por sus decisiones, nos preocupamos por sus actitudes y por toda su perspectiva de la vida, nos preocupamos por la forma en que actúan, la forma en que hablan, y aun la forma en que *piensan* los pueda dañar o impedir que avancen; nos preocupamos por que se hagan daño cuando lleguen al borde de esa duna.

¿Y sabe qué? Puede que estemos en lo correcto. Sus riesgos, cualesquiera que sean, pueden llevarlos al dolor. Sus actitudes pueden dejarlos expuestos al fracaso, o que se aprovechen de ellos. ¡Y nosotros no queremos que eso les pase a nuestros preciosos hijos!

Pero como padres no podemos quitarles esa confianza juvenil a nuestros hijos, sin importar cómo se manifieste esa confianza. Uno no puede evitarles la aflicción por tomar riesgos, y nuestros sermones no van a hacer que sus malas actitudes se vayan; eso lo hace la *vida*.

Seamos honestos, todos hemos pasado por ahí.

Un amigo mío estuvo hablando con su yerno de veintiocho años una noche, y su yerno le dijo: «¿Sabe qué? Cuando yo tenía dieciocho años pensaba que lo sabía todo».

La mayoría pensamos que lo sabemos todo a los dieciocho o veintidós o veinticuatro. Nuestros padres parecen las personas más despistadas en el planeta, pero luego suceden cosas en la vida. Ella nos humilla y nos templa, y la confianza aguda y testaruda que teníamos comienza a ablandarse. A medida que pasan los meses y los años, nuestros padres se ven más inteligentes, quizás no tengan la menor idea de qué hacer con el Snapchat, pero cuando se trata de las lecciones de vida que trataron de enseñarnos, las que permanecen relevantes año tras año, década tras década, nuestros hijos llegan a apreciar esas lecciones. Como Kevin Leman diría, su hijo o hija no siempre va a ser: «un adolescente estúpido».

Pero como padre, para usted puede ser difícil esperar hasta que esa estupidez se evapore. Aun aquellos padres que casi nunca les dieron una palmada en el trasero a sus hijos, tienen ganas fuertes de darles un golpe para que se les quite la necedad cuando son adolescentes.

Es irónico, a una edad cuando deberíamos estar aflojando la mano de la vida de nuestros hijos, en lugar de eso, con frecuencia la apretamos con más intensidad, levantamos la voz, y nuestros castigos son más extremos. Nos desesperamos por hacer que nuestros hijos cambien porque ¡se nos acaba el tiempo!

Sin embargo, cuando miro dentro de mi propio hogar y de mi familia, no parece que esta estrategia estuviese funcionando. Todo ese estrés de alta intensidad y todas las demandas que amontonamos no hacen que las cosas mejoren; por lo general, parece que hicieran que las cosas se pongan peor. No tenemos solamente a un muchacho que tiene dificultades con sus tareas, sino a un muchacho *estresado, ansioso y molesto* que tiene dificultades con sus tareas (junto con una mamá y un papá molestos). En lugar de detenernos por un momento y decir: «Esto no está funcionando, quizás deberíamos probar algo diferente», aumentamos el estrés y reforzamos nuestras demandas. Plantamos nuestra bandera paterna en la colina y nos negamos a moverla, porque sabemos que *tenemos la razón*. Pero, ¿por qué no ser un poquito más prácticos en todo esto y tratamos de buscar qué es lo que *da resultado*? Como una invitada frecuente en nuestro programa, Cinthia Tobias siempre dice: «¿Para qué?».

¿Sabe a lo que lleva esa actitud de «firmeza»? La pérdida de nuestros hijos. Se distancian de nosotros con cada discusión. Los avergonzamos y los menospreciamos justo en medio de esas transiciones, cuando nuestros hijos están tratando desesperadamente de entender lo que quiere decir ser un adulto. Dejamos de escucharlos y seguimos sermoneando, y ellos comienzan a escabullirse. Las peleas que no producen nada ponen otro ladrillo entre nosotros, y se rompe otra hebra del lazo. *Yo no necesito esto*, piensan ellos, ¿y quién sí?

A veces pienso que puedo ver cuándo se rompen las hebras del lazo, las puedo ver en los ojos de nuestros hijos.

En juicio

Las notas de Trent provocan otra ronda de sermones y discusiones. Nada nuevo para todos, repetimos nuestros papeles de memoria.

Y luego, en medio de la pelea y la acusación, de la culpa y la ira, hacemos contacto visual.

Pareciese como si estuviese diciendo: *ayúdeme, defiéndame, no soy perfecto, pero sea mi papá, sea mi papá, me estoy muriendo*.

Me toca profundamente, me quedo paralizado, y no sé qué hacer.

Defiéndame, me estoy muriendo.

¿Qué son los padres? Son maestros, consejeros, presidentes ejecutivos y porteros. Desafortunadamente, en especial, cuando estamos criando adolescentes que están pasando por una transición, nosotros a veces nos convertimos en abogados; no jueces justos y árbitros imparciales de la justicia, sentados en la banca y midiendo la evidencia. Nos convertimos en fiscales, acusando al acusado y pidiendo que se le dé la pena de cárcel. En muchos hogares la justicia no es ciega, sino parcial a favor de la fiscalía, donde aquellos que formulan los cargos y aquellos que dictan el veredicto son los mismos, mamá y papá, y el hijo acusado se sienta solo, defendiéndose a sí mismo. *Está fuera de lugar, argumento denegado, favor de no contestarle al juez.*

Quizás, espero, que aun en esos ambientes la justicia pueda hacer justicia, por lo menos la mayoría de las veces.

Me parece interesante que cuando la Biblia hurga en metáforas de tribunales, Satanás hace el papel de fiscal.

La palabra *diablo* misma tiene sus raíces en la palabra griega que traducida significa «acusador»; el término hebreo *satan* se puede interpretar como el fiscal. Con razón en el Antiguo Testamento, Satanás parece servir como el fiscal en el tribunal celestial. En Salmos 109.6, parece que el salmista está listo para contratar a Lucifer para que enjuicie a sus enemigos: «Pon sobre él al impío, y Satanás esté a su diestra» (RVR1960).

¿Y dónde se encuentra Jesús en el tribunal de Dios? A nuestro lado.

En 1 Juan 2.1 leemos: «Mis queridos hijos, les escribo estas cosas para que no pequen. Pero si alguno peca, tenemos ante el Padre a un intercesor, a Jesucristo, el justo».

En todo este libro, nos he estado animando a nosotros, los padres, para que tomemos a Jesús como ejemplo en nuestras vidas. Él ama y está lleno de gracia, y cuando las cosas se ponen difíciles, él no se para en nuestra contra, agitando su dedo, sino que nos *defiende*.

Quizás nosotros los padres podríamos aprender eso. Cuando nuestros hijos son acusados de haber cometido una violación domiciliaria, ¿será posible que no siempre seamos los jueces y los fiscales, sino los jueces y la defensa? ¿Ser el defensor de nuestro hijo en nuestro propio tribunal?

Es posible.

Pero, ¿cómo hacemos este papel? ¿Cómo puede uno proteger la regla de la ley mientras que defendemos al transgresor acusado?

La respuesta vuelve directamente a algunos de los fundamentos.

Tiene que seguir la regla de oro, ¿le gustaría que lo traten de esa manera si los papeles fuesen invertidos?

Tiene que tomar tiempo para escuchar, verdaderamente prestar atención, a lo que su adolescente que está en proceso de transición tiene que decirle. Tome tiempo para escuchar el lado de su historia. A veces hay circunstancias atenuantes, a veces hay cosas más profundas que están en juego en el conflicto. ¿Se trata verdaderamente de no hacer la tarea, o es un síntoma de un problema más profundo? Como: falta de sueño, problemas en la escuela, o quizás un asunto acuñado entre usted y él o ella?

Converse de estos asuntos, con calma y cuidadosamente, de manera que ellos entiendan su punto de vista también. Por medio del arte de hablar y escuchar se pueden desactivar muchas peleas, y se pueden encontrar muchas soluciones prácticas.

Sea honesto

Límites, riesgos, gracia, todos estos son elementos de suma importancia cuando criamos hijos para que sean adultos saludables y prósperos. Son muy importantes especialmente en los tiempos de transición, cuando la vida familiar se puede poner más caótica de lo normal.

Pero tenemos que hablar de un área más, una que pasamos por alto por nuestra cuenta y riesgo: la importancia de ser honestos. No estoy hablando de la honestidad al momento de pagar nuestros impuestos, o en nuestro trabajo, o cómo nos sentimos *realmente* respecto a las galletas de chocolate y atún que hace la abuela, sino ser honestos respecto a nosotros mismos.

Tal como los perros pueden sentir el miedo de las personas, los chicos, especialmente los adolescentes, pueden sentir la hipocresía. Trent, en particular, tiene un olfato para eso; y cuando son adolescentes nos hacen saber nuestras inconsistencias.

Todo vuelve a uno de nuestros fundamentos, tenemos que ser ejemplos de aquello que queremos ver. No podemos fingir; si queremos que nuestros adolescentes nos respeten tenemos que ganárnoslo. Más que nada los adolescentes respetan la honestidad y la transparencia, no esperan que seamos perfectos, ¡de veras!, así que no pretendamos ser perfectos.

Fácil, ¿no? No, en realidad no lo es, es más difícil de lo que parece.

Ya hemos reconocido que puede ser difícil exponer nuestras imperfecciones a nuestros hijos, pero puede ser más difícil con los adolescentes, ¿se acuerda que ellos ya saben todo? Ellos piensan que nosotros no sabemos nada, y como es normal que queramos hacerles saber que están equivocados, tendemos a sobrecompensar, escondemos nuestras debilidades e ignoramos nuestros errores, y en nuestro esfuerzo por no perder el respeto de nuestros hijos, al final lo perdemos.

Así que no finja, admita sus debilidades, discúlpese cuando cometa un error. Y más importante aún, sea honesto apropiadamente al hablar de su pasado. Cuando sus adolescentes estén fallando, reconozca que usted falló en esa área también.

Piense en esta honestidad, en esta transparencia respecto a usted como una irrigación a gotas. No, no tiene que derramar todos los secretos sucios de su infancia de porrazo; ¡yo no cortaría el final de la manguera para que salga toda mi historia fea a chorros! Pero no corte el agua de la sabiduría del todo. Cuando uno no muestra sus debilidades, cuando uno finge ante sus hijos que somos más que humanos, corre el riesgo de cortar toda el agua, y no nutrirá su relación con sus hijos, y ellos no crecerán.

Así que permita que la verdad gotee de a poquitos, dependiendo de la circunstancia y la edad de sus hijos. En primer lugar eso permite que sus hijos lo vean de una manera diferente y más sana, les permite ver que usted tampoco es perfecto y que necesita gracia, perdón y paciencia tal como ellos. En segundo lugar, le recuerda a usted que *usted* no es perfecto, lo fuerza a ponerse en una posición en la que, tal como sus hijos, necesita un poquito de gracia, y le facilita poder dar de esa gracia también. Mostrar esa imperfección *no* es una debilidad, como pensamos; *no* mina nuestra autoridad, aunque a veces pensemos que sí. No, cada vez que tengamos la oportunidad de regar esa tierra y decirles a nuestros hijos: «No soy perfecto y tú tampoco», es algo bueno. Riega nuestra relación, ayuda a que nuestros hijos crezcan y puedan estirar sus raíces en la tierra.

La crianza de los hijos después de la transición

Nuestro viaje al Parque Nacional Zion, en Utah, no fue solamente para hacer un poco de senderismo y para manejar nuestras cuatrimotos, pasamos mucho tiempo simplemente disfrutando de estar juntos sin hacer nada. Hacía mucho calor cuando fuimos allá, la temperatura se mantuvo entre treinta y dos y treinta y siete grados todo el tiempo, pero el campamento que nos tocó estaba rodeado de árboles grandes que proveían sombra. Nos sentábamos debajo del toldo largo de nuestro vehículo, simplemente nos sentábamos al aire libre, tomábamos unas bebidas frías y conversábamos.

Troy y yo conversamos mucho durante ese viaje, hablamos de los hijos de acogida, quienes estaban jugando en la tierra delante de nosotros, hablamos un poco de cómo iba su andar espiritual, y otras áreas de su vida. Se podría decir que regamos nuestra relación. En ese clima cálido y seco ayudamos a que algo se fortaleciese y estuviese un poquito más verde.

Espero que en diez años Troy y yo sigamos haciendo lo mismo, Dios mediante en veinte y treinta años también.

Con el tiempo, la paternidad se convierte en eso, uno deja de proteger a los hijos del fuego. No se les enseña cómo manejar una bicicleta. Uno no se preocupa de sus cuartos desordenados o sus malas notas. Uno conversa, comparte y da consejo. Desde ya me inclino en esa dirección con mis hijos cuando puedo; esa es mi forma de pensar, ya tienen edad para tomar responsabilidad por sus decisiones y sus errores, pero si necesitan mi ayuda y mi consejo, ahí estoy. «Puedes seguir mi consejo o no», les digo, «pero si estuviese en tu lugar yo lo seguiría».

Espero el día en que la paternidad sea así todo el tiempo, creo que esa es mi tendencia natural, soy un consejero. De hecho, este estilo de crianza no funciona bien con chicos más pequeños, pero cuando crecen un poco más y están en sus últimos años de la adolescencia, entrando a la transición de la infancia a la mayoría de edad, sí funciona; es más, es lo único que funciona.

En este momento es cuando una crianza imperfecta da buenos resultados. Uno ha permitido que sus hijos hagan tonterías, ha tratado sus errores con gracia, ha hablado con ellos honesta y abiertamente acerca de sus propias imperfecciones, ha regado el jardín y ha fortalecido el lazo, ha preservado su relación con sus hijos, y ahora *ellos* vienen a *usted*, no para que bese sus rodillas raspadas o para que les dé dinero, sino para conversar, para hacerle preguntas, para relajarse con usted, para reír con usted, para sentir esa seguridad del *hogar*, aun cuando están comenzando a edificar sus propios hogares.

Soltar

¿Cómo es el caminar cristiano de fe? Para muchos de nosotros es una travesía de renuncia. Cada día, cada año rendimos un poquito más de nosotros, morimos a nosotros mismos para poder renacer a algo más cercano a la persona que Dios quiere que seamos.

Pienso que en cierta forma podemos decir lo mismo de la crianza de hijos, es una travesía de renuncia, es una larga lección en dejar ir.

Nuestros hijos no saben absolutamente nada cuando llegan a nosotros, tenemos control total sobre sus vidas pequeñitas. A medida que pasan los años, el conocimiento de la sabiduría que poseen se lo damos nosotros, les enseñamos a pararse, les enseñamos a caminar, les enseñamos a manejar una bicicleta, les enseñamos a volar.

Pero con cada nuevo paso que ellos toman, la realidad de lo que estamos haciendo nos da un golpe en la cara, les estamos enseñando a dejarnos.

¡Con razón nuestras expectativas son tan altas! ¡Con razón demandamos tanto! ¡Con razón los años de la adolescencia pueden ser tan difíciles, tan llenos de enojo!

Recordamos cómo era tener a ese hijo en nuestros brazos, recordamos las promesas que hicimos, recordamos cuando estábamos con nuestros hijos e hijas, cuando ellos se reían mientras los tirábamos en el aire, cuando nos tomaban de la mano para cruzar la pista, cuando se quedaban dormidos mientras les leíamos un libro; nos sentíamos completos, nos sentíamos amados en una forma que nunca habíamos experimentado.

En esos momentos nos sentíamos más como el hombre o la mujer que deberíamos ser, el hombre y la mujer que Dios quiere que seamos.

Nos sentíamos... *perfectos*.

Soltar quiere decir soltar ese ensueño también. Cuando soltamos, nos estamos diciendo a nosotros mismos que hemos hecho lo mejor que podíamos con nuestros hijos. Los estamos mandando con todas sus imperfecciones, y si ellos no son perfectos, nosotros tampoco.

Los soltamos, aunque queremos más tiempo, queremos otra oportunidad, queremos sentir ese sentimiento otra vez.

Los soltamos, y comprendemos que estamos cediendo el control, y decimos: «Hágase tu voluntad».

Pero a Dios le encantan las paradojas, él nos dice que cuando perdemos nuestras vidas, las ganamos. Él nos dice que lo insensato de él es más sabio que nuestra sabiduría. Por medio de Cristo nos ha mostrado que el Rey del universo puede ser un niño nacido en un establo, que la victoria más grande puede parecer una derrota.

Y cuando soltamos totalmente, cuando soltamos nuestras expectativas perfectas, cuando soltamos la culpa, cuando soltamos todo aquello que nos impide ser buenos padres, y finalmente, cuando soltamos a nuestros hijos para que se conviertan en hombres y mujeres, esposos y esposas, papás y mamás, ellos regresan.

Dios mediante, regresan.

Nunca renunciamos a nuestra labor como padres, somos papás y mamás de por vida, sin garantías, sin mallas de seguridad, sin promesa alguna. El plan de Dios y nuestras propias decisiones pueden anular una crianza perfecta. Podemos hacer todo bien, y nuestros hijos pueden terminar mal. Podemos fallarles a nuestros hijos, y ellos pueden tener éxito a pesar de nosotros.

Pero llega el momento en que tenemos que soltarlos y decir adiós, y simplemente confiar, tener esperanza y orar para que el adiós abra una puerta a una vida de holas; que nuestros hijos e hijas grandes pongan sus manos en las nuestras nuevamente, las aprieten un poquito, y sonrían.

Volverán a sus brazos, y usted a los suyos. Eso es el hogar, eso es todo, y Dios le dirá: «Bien hecho».

Capítulo Doce

LA MEJOR FAMILIA

✦

A prendí acerca de la familia entre comerciales de televisión.
La tribu Brady, Mis adorables sobrinos y *My Three Sons.* Para
mí, una familia era así, no la familia desordenada y fracturada con la que
yo vivía, la mamá supertrabajadora que casi nunca estaba en la casa, el
papá ebrio y abusivo, y el padrastro autoritario y estricto. En la televisión,
vi cómo debería ser una familia: padres amorosos, hijos obedientes y
problemas que se resolvían cada treinta minutos; cada episodio terminaba
con una frase graciosa.

Las familias no son así, yo sé eso y usted también.

Pero me pregunto: ¿cuántos de nosotros todavía estamos tratando
de vivir a la altura de ese ideal? ¿Cuántos de nosotros en lo profundo de
nuestro ser aún estamos buscando esa familia perfecta?

Remordimientos

Pregúntele a Trent y Troy qué consejo les darían *ellos* a los padres, qué
piensan ellos que es lo más importante en que las mamás y los papás
se deben concentrar con sus propios hijos, y recibirá dos respuestas
diferentes.

Troy diría: «Límites, no hay límites tan cerrados que uno no pueda disfrutar su niñez, pero son necesarios. Necesitan poner límites para poder guiarlos en la dirección correcta».

Eso dice Troy, el muchacho que siempre quiere hacer lo correcto, el que hace su tarea. El muchacho que con una actitud maravillosa quiere complacernos a diario, él florece bajo límites, sobresale cuando sabe cuáles son las reglas, y las sigue muy bien.

«Yo les diría que los escuchen», dice Trent. «Deberían escucharlos, simplemente escuchen lo que tienen que decir. Creo que muchos padres sacan la tarjeta de la disciplina sin siquiera oír lo que sus hijos les quieren decir».

¿Por qué muchos padres a veces tienen dificultad para escuchar?

«Creo que es difícil, porque *piensan* que saben qué es lo que está pasando», dice Trent. «Ellos fueron adolescentes también, y piensan que entienden, pero ese no es siempre el caso». El mundo ha cambiado mucho desde que los padres fueron adolescentes. *My Three Sons* le ha cedido el paso a vaping y sexting, Facebook y Netflix. Es un mundo desconcertante, y los padres no siempre entienden.

Pero escuchar no solo es obtener un mejor entendimiento de las cosas con las que nuestros hijos están lidiando, como dice Trent, es hacer que su hijo se sienta amado y apoyado, es crear un lugar seguro.

«Cuando usted escucha, el hijo siente que usted definitivamente está prestándole atención», dice Trent.

A la familia Daly le ha ido bien con los límites, y Trent tuvo suficiente cuando era menor, fuimos muy duros con él: párate, siéntate; escupe, no escupas; sonríe, no sonrías. Nuestras expectativas eran muy altas para él y para nosotros.

¿Pero qué tan bien hemos escuchado?

Evaluamos a nuestros hijos todo el tiempo, quizás no les demos una nota o les pongamos una estrella en sus reportes de progreso, pero casi todos los días calificamos sus habitaciones, sus tareas y sus actitudes. «Bien hecho» o «necesitas mejorar», les decimos.

Pero es justo cambiar la situación; con frecuencia les pido a Trent y Troy que me evalúen. ¿Me estoy sacando una A, una B o una F?

Por lo general, me dan varias A o B, son muy generosos conmigo en ese aspecto, aunque no sé si lo merezco. Cuando Trent y Troy me dicen: «Eres un buen papá», quiero creerles, pero no estoy seguro.

Me molesto cuando no debo, menosprecio y culpo, y sermoneo cuando debo escuchar. Todas las cosas que yo les digo a los padres que deben evitar hacer, yo las he hecho, y aún las sigo haciendo.

Hay días en los que me pregunto si he convencido a mis hijos de que soy un buen padre, y me pregunto si me he engañado al creérmelo.

«No eres perfecto Jim», me dice Jean, y tiene razón. ¿Soy bueno siquiera?

Soy un padre de edad avanzada, cuando Troy salga de la casa tendré cincuenta y ocho años, por eso a veces me pregunto qué dirán mis hijos cuando yo muera, me pregunto qué dirán en mi funeral.

«Mi papá era chistoso», dirán. Siempre lo dicen, aun cuando estoy cerca. «Mi papá tiene un sentido del humor muy grande».

¿Pero sabe qué es lo que yo realmente quiero que digan?

«Fue el mejor padre que yo hubiese podido tener», y quiero que sea verdad.

No quiero ser un hipócrita, quiero ser el padre que mis hijos necesitaban que yo fuese.

Me preocupa que no vayan a decir eso, me preocupa que haya habido una desconexión entre el papá que yo pensaba que era, el papá que yo quería ser, y el papá que ellos conocieron y vieron.

Con frecuencia los padres hieren a sus hijos. Tengo amigos que han trabajado por años tratando de sanar las heridas causadas por sus madres y padres. ¿Cuántos siquiatras y consejeros se ganan la vida gracias a las mamás y los papás que no lograron entender? Me temo que son demasiados. Greg, uno de mis buenos amigos del equipo de baloncesto en la secundaria, fue expulsado de más partidos por pelear que los partidos que jugó, parecía estar molesto todo el tiempo. Solo cuando aceptó a Jesús como su Salvador personal pudo reconciliarse con su papá, y pudo comenzar a sanar y a vivir una vida más saludable.

No quiero que Trent y Troy piensen en su infancia y vean una relación como esa conmigo. No quiero que piensen en sus veintes y que por alguna razón tengan que lidiar con la ira causada por su relación conmigo. Pero honestamente creo que sería posible. Estoy haciendo todo lo que está a mi alcance para evitarlo, ¿pero estoy haciendo lo suficiente? ¿Estoy dando lo suficiente? ¿Soy lo suficientemente bueno?

En busca de la gracia

En el hogar de mi infancia, a veces los batidos reemplazaban a mi mamá. Mi hogar era el lugar al cual llegaba la policía para llevarse a mi papá ebrio y maldiciendo. Mi hogar era donde, noche tras noche, la única estabilidad cercana era *La tribu Brady*.

El hogar de Trent y Troy es muy diferente. Jean y yo nos hemos esforzado mucho para que sea así, tienen una mamá y un papá amorosos, estructura, diversión y estabilidad. Si toma una foto, todos sonreiremos, y salimos muy bien... si no se fija mucho.

El editor de una revista muy famosa sobre familias dijo una vez que, irónicamente, sus mejores escritores sobre el tema de la crianza de hijos no eran padres. Con mucha confianza, estos escritores podrían llenar a los padres con consejos expertos sin que la caótica realidad de la crianza de los hijos se interpusiera; pero las respuestas que son tan obvias en lo abstracto, no son tan fáciles en medio del caos.

Trabajo para un ministerio dedicado a la familia, y hablo con los expertos más grandes en matrimonio y crianza de los hijos; millones de familias buscan a la organización que yo dirijo para encontrar respuestas y consejo.

La verdad es que no tengo respuestas que sean «satisfacción garantizada o la devolución de su dinero». A pesar de todas las ventajas que tenemos, todos los consejos que he dado, y todos los beneficios que vienen con mi trabajo, yo también estoy buscando respuestas. A veces mi familia es caótica, tal como la suya. Honestamente, en algunas ocasiones parece que estuviese rajada y quebrada, y puedo sentirme como un fracaso.

Pero en ese quiebre, nuestras familias son restauradas; en medio de ese dolor, sanamos.

¿Qué es una familia? Es todo aquello de lo que hemos hablado, y más. Es el hogar, es el trabajo, es la escuela, es la gente que uno ama más que a nadie. Son las personas que nos pueden herir más de lo que uno pensaba que fuese posible; son los recuerdos, buenos y malos; es nuestro fundamento para el futuro, para bien o para mal.

Y le pertenece a Dios. Es su diseño, es su plan, es su herramienta para ayudarnos a lidiar con este mundo fracturado y caído, aunque la familia esté en la misma condición.

Queremos que nuestras familias sean perfectas porque sabemos que así *deberían* ser. Deben ser lugares de amor y enseñanza, de esperanza y promesa, lugares seguros, lugares felices.

Deben ser un Edén... pero no lo son. Cuando el mundo cayó, la familia cayó. Estamos afuera, al otro lado de las paredes. En Génesis, Dios le dio a Eva los dolores de parto, y hasta hoy nuestras familias sienten esos dolores.

Ahí estaré

Sarah y Eric observaban desde un lado de la piscina a su hija de siete años, Heather, quien estaba parada al borde del agua; azulejos cuadrados anunciaban la profundidad: «3,04 m». Pero para Heather la piscina parecía sin fondo. Estuvo parada al borde con sus brazos alrededor de su cintura como para protegerse, meneando la cabeza con fuerza mientras su maestra le imploraba, le *rogaba* que saltara.

Si mi papá hubiese estado ahí la hubiese tirado al agua, pero nadie allí le haría eso a Heather, todos esperaban mientras que ella estaba parada, temblando de frío.

Sarah sabía de antemano que Heather tendría dificultades, pero ellas habían hablado antes de la lección, incluso Sarah le ofreció un soborno: helado después de la clase, a cambio de un salto valiente. Pero la promesa de un buen helado de chocolate no fue suficiente, su pequeña seguía arrastrando los pies al lado de la piscina, mientras que una fila de nadadores impacientes esperaba su turno.

¡Salta!, Sarah echaba chispas por dentro, ¡salta ya y termina con esto! Ella podía sentir los ojos de los otros padres sobre su niñita, ojos llenos de lástima y exasperación, y risitas condescendientes. Sarah se imaginaba que esos ojos la estaban mirando con furia, como si la estuviesen juzgando, y preguntando: ¿esa es tu hija?

Sarah se preguntaba si debería ir al otro lado y *forzarla* a que saltara, quizás debería aumentar el soborno, o quizás debería amenazarla con quitarle tiempo de juego con sus amiguitas, o regañarla y *avergonzarla* para que saltara. Comenzó a formular el sermón que soltaría después.

Luego vio a Eric levantarse y caminar hacia Heather. Él se agachó y le susurró algo al oído, algo que nadie pudo escuchar por el murmullo de los nadadores y el movimiento del agua. Nadie pudo escuchar sonido alguno de lo que Eric dijo, era como si solo hubiese estado articulando las palabras.

Cuando Eric terminó, Heather asintió con la cabeza brusca y rápidamente. Su padre no regresó a su lugar, sino que se quedó al borde de la piscina, volteó a mirar a Sarah y le guiñó el ojo. Heather soltó sus brazos, dobló sus rodillas y saltó.

Cuando su cabeza salió del agua, estiró su cuello hacia arriba y miró a su papá. El agua le chorreaba por el rostro cubriendo su sonrisa grande y gozosa, él le devolvió la sonrisa y no dijo nada.

Cuando Heather y los otros niños ya estaban en la cama, Sarah le preguntó a Eric que le había dicho.

Eric sonrió. «Le dije que yo estaría ahí a su lado, y que no me iba a mover de ahí, y que si parecía que ella estuviese en peligro yo me tiraría al agua para ayudarla».

Ahí estaré.

«Yo estoy contigo. Te protegeré por dondequiera que vayas», Dios le dice a Jacob en Génesis, el primer libro de la Biblia (Génesis 28.15). Es una promesa que él le hace vez tras vez a su pueblo. Él nos dice: «yo estoy contigo». «Yo estoy ahí».

Él nos ha prometido su presencia, no garantiza que siempre estará complacido con nosotros. No nos promete una vida de reposo y comodidad, pero tampoco insiste en que nos ganemos su presencia. Jacob no era nada perfecto, y Dios sabe que nosotros tampoco lo somos. Él entiende nuestros pecados y debilidades mejor que nosotros, y sabe que vamos a cometer errores. Pero cuando aceptamos ser parte de su familia, Dios nos promete que estará con nosotros, de pie, observando y sonriendo.

Ahí estaré. Quizás de eso se trata la crianza de los hijos al final de cuentas. Quizás los millones de palabras que se han escrito sobre el tema, incluyendo las setenta mil que yo he añadido, se resumen solo en dos: *Ahí estaré.* Estaremos ahí en el caos, y estaremos ahí en el fango. Quizás no diremos las palabras correctas, o quizás no tendremos el plan de acción correcto o haremos lo correcto, porque también somos parte de ese caos, pero podemos prometer estar ahí, no solo para ocupar un espacio en sus vidas, sino como un defensor, un protector, un guía, un *salvador.* Alguien que no solo va a decir: «te amo», sino «te amo cuando parece que nadie más te ama, cuando eres de lo más desagradable. Te amo cuando saques una F en álgebra y cuando no llegues a la casa a la hora establecida. Te amo cuando te ponga en penitencia, cuando te quite tu teléfono, cuando nos estemos gritando el uno al otro en el carro. Te amo cuando me odies, cuando tires al inodoro todos los sueños que tengo para ti y jales la manija. Te amo aun cuando no quiera amarte. Te amo en medio de tus imperfecciones, y te amo a pesar de las mías. Ahí *estaré*».

Es aterrador amar a alguien. No nos damos cuenta de eso en nuestros poemas y clichés. Por lo menos cuando nos casamos con alguien tenemos una idea de qué es en lo que nos estamos metiendo. Antes de decir «sí», tenemos la opción de decir: «no quiero». Pero no es lo mismo con la crianza de hijos. Son perfectos extraños que llevamos a la casa, les damos nuestros corazones, y nunca nos los devuelven en realidad. Ellos son nuestros y nosotros de ellos, no hay asteriscos ni omisiones. Estas relaciones son caóticas.

¡Que hermoso!

Dios hace su mejor obra en el caos. Sus océanos rugen con poder. Las olas se enroscan en sí mismas en tonos azules y verdes. El cielo tempestuoso cruje, destella y retumba profundamente avanzando por millas. Su creación no es segura o limpia, sin embargo, es gloriosa. Y en el corazón de la creación es que a veces vemos mejor al Creador. «Ahí estoy», nos dice en las olas turbulentas, *ahí* en la tempestad, *ahí* aun en la suciedad y el polvo de un campamento en Zambia, y un cielo lleno de las voces de chicos que sufren y son felices.

Dios hace su mejor obra en *nuestro* caos también, y las familias tienen la bendición del caos. Es emocionante, frustrante y aterrador porque es real, quizás sea lo más real y verdadero que podamos experimentar en nuestras vidas mortales. No es perfecto. *Nosotros* tampoco. Pero aun en medio de nuestra imperfección, la familia refleja algo mejor. Vemos el corazón de Dios en ella, y por medio de ella podemos ser parte de la historia de Dios riendo y llorando, sentados escuchando al aliento del Todopoderoso.

En la familia Dios dice: «Ahí estoy». Es un honor y un regalo estar ahí también.

RECONOCIMIENTOS

Al igual que las familias, los libros no son el producto de una sola persona, y son muchas las que ayudaron con este.

Gracias a Jean, Trent y Troy por todo lo que son y por todo lo que han hecho para que este libro sea una realidad, desde las historias que compartimos aquí hasta el apoyo y la gracia que han mostrado al permitirme hablar de ellos. He descargado momentos dolorosos y difíciles aquí, y no es fácil revelar esos momentos incómodos para que el mundo los vea y los pueda leer, especialmente cuando uno es adolescente, gracias muchachos. Jean, en forma muy especial, estuvo a mi lado en todo este proceso, historia por historia, con paciencia y gracia, a veces ayudándome a recordar detalles importantes que yo me podía haber olvidado.

También me gustaría agradecer a mi colaborador en redacción Paul Asay, por su talento y el tiempo dedicado a llevar el libro a través de este proceso entrecortado. Jeanie Young y Don Morgan, de Focus on the Family, hicieron un trabajo fantástico encontrando y supliendo algunas de las cartas que se leyeron aquí, y el equipo de Focus on the Family de los programas cotidianos, quienes buscaron entre cientos de transcripciones de los programas para ayudarnos a encontrar las que usamos aquí. Y le debo un agradecimiento especial a aquellas personas quienes por medio de sus historias hermosas y francas ayudaron a darle sustancia al alma de este libro.

Todo autor necesita un editor, y yo tengo la dicha de tener al mejor, John Sloan de Zondervan, fue instrumental en ayudar a darle forma a este proyecto antes de que la primera palabra tocase el papel. Y cuando tuve 65

000, John tomó su bisturí y mediante cortes acertados, modificaciones, y sugerencias, las mejoró todas. Mis agradecimientos a él, al miembro editor Dirk Buursma y a toda la gente de Zondervan por tener fe en este libro y perseverar en este proyecto hasta el final. Por último, me gustaría agradecer de manera muy especial a mi agente, Wes Yoder, la fuerza sabia y delicada, quien ayudó a darle a este libro su ADN elegante y divino; amigo, sin ti esto no hubiese sido posible.

NOTAS

Capítulo 1: Insuficiente

1. Ver David Brooks, *The Road to Character* (New York: Random House, 2015), p. xi [*El camino del carácter* (México: Editorial Océano, 2017)].
2. Citado en Nick Bilton, «Parenting in the Age of Online Pornography», 7 enero 2015, www.nytimes.com/2015/01/08/style/parenting-in-the-age-of-online-porn.html?_r=0.
3. Citado en Michael Lipka, «Millennials Increasingly Are Driving Growth of "Nones"», 12 mayo 2015, www.pewresearch.org/fact-tank/2015/05/12/millennials-increasingly-are-driving-growth-of -nones.

Capítulo 2: Lo que es una familia

1. Rabbi Shmuel Goldin, «What God Has Joined Together», DVD, sesión 6 de The Family Project.
2. Citado en Okmulgee News Network, «60 Percent of Women See Motherhood as Most Important Role», 6 mayo 2016, www. okmulgeenews.net/local-news/item/4267–60-of-women-see-motherhood -as-most -important –role.
3. Eric Metaxas y John Townsend, «Mothers as Image-Bearers», DVD, sesión 7 de The Family Project.
4. Ibíd.

5. Citado en Ryan Sanders, «Kids Need Their Fathers: For Health, for Growth, for Life», 5 julio 2012, www.fatherhood.org/bid/147397/Kids-Need-Their-Fathers-For-Health-For-Growth-For-Life.

6. Carey Casey, «First Hero, First Love: A Dad's Role for Sons and Daughters», National Center for Fathering, www.fathers.com/s7-hot-topics/sons/first-hero-first-love-a-dads-role-for-sons-and-daughters.

7. Tony Evans, «Fathers as Image-Bearers», DVD, sesión 8 de The Family Project.

8. Citado en Institute for Social Research, University of Michigan, «Facebook Use Predicts Declines in Happiness, New Study Finds», 14 agosto 2013, http://home.isr.umich.edu/releases/facebook-usepredicts-declines -in -happiness-new-study-finds.

Capítulo 3: ¿Quebrados y reales?

1. Leo Tolstoy, *Anna Karenina* (Cleveland: World, 1946), p. 15. [*Ana Karenina* (México: EMU, 2013).

2. Alex Morris, «The Forsaken: A Rising Number of Homeless Gay Teens Are Being Cast Out by Religious Families», 3 septiembre 2014, www.rollingstone.com/culture/features/the-forsaken-a-rising-numberof-homeless-gay-teens-are-being-cast-out-by-religious -families-20140903.

Capítulo 4: Los fundamentos

1. Ver, por ejemplo, A. N. Meltzoff and M. K. Moore, «Imitation of Facial and Manual Gestures by Human Neonates», *Science* 198 (1977): pp. 75–78.

Capítulo 5: Polos opuestos se atraen

1. Linda Waite et al., *Does Divorce Make People Happy? Findings from a Study of Unhappy Marriages* (New York: Institute for American Values, 2002), http://americanvalues.org/catalog/pdfs/does_divorce_make people happy.pdf.

2. Ver Erma Bombeck, *The Grass Is Always Greener over the Septic Tank* (New York: McGraw-Hill, 1976).

3. Jim Daly, *Marriage Done Right: One Man, One Woman* (Washington, D.C.: Regnery, 2016).

Capítulo 6: Lecciones complicadas y desagradables

1. Polly Klaas Foundation, «The Truth About Runaway Teens», www. pollyklaas.org/enews-archive/2013-enews/article-web-pages/the-truth -about-runaways.html?referrer=https://www.google.com/#. V3Ad35MrLSw.

2. Citado en Alex Daniels, «Religious Americans Give More, New Study Finds», 25 noviembre 2013, https://philanthropy.com/article/ Religious-Americans-Give-More/153973.

3. Citado en Giving USA, «2015 Was America's Most-Generous Year Ever», 13 julio 2016, https://givingusa.org/giving-usa-2016.

4. Gallup editors, «Most Americans Practice Charitable Giving, Volunteerism», 13 diciembre 2013, www.gallup.com/poll/166250/ americans -practice-charitable-giving-volunteerism.aspx.

5. Minnesota Atheists, «Ten Things Christians Do Better Than Atheists—#1 Charity Work», http://mnatheists.org/news-and-media/ letters-and-essays/178–10-things-christians-do-better-than-atheists-1-charity-work (acceso 4 enero 2017).

6. Citado en J. Patrick Lewis, *Michelangelo's World* (Mankato, MN: Creative Editions, 2007), p. 7.

7. Citado en Pray Now Group, *Living Stones: Pray Now Weekly Devotions & Monthly Prayer Activities* (Edinburgh: Saint Andrew Press, 2015), p. 165.

Capítulo 7: El juego de las acusaciones

1. Drs. Beverly and Tom Rodgers, *Becoming a Family that Heals: How to Resolve Past Issues and Free Your Future* (Colorado Springs: Focus on the Family, 2009).

Capítulo 8: Un lugar seguro

1. Ver IndexMundi, «United States Age Structure», 8 octubre 2016, www. indexmundi.com/united_states/age_structure.html.

2. Ver IndexMundi, «Zambia Age Structure», 18 octubre 2016, www. indexmundi.com/zambia/age_structure.html.

Capítulo 9: La aceptación del libre albedrío

1. C. S. Lewis, El gran divorcio (Nueva York: Rayo, 2003), p. 91.
2. Citado en Ed Stetzer, «Dropouts and Disciples: How Many Students Are Really Leaving the Church?», 14 mayo 2014, www .christianitytoday.com/edstetzer/2014/may/dropouts-and-disciples -how-many-students-are-really-leaving.html (acceso 4 enero 2017).

Capítulo 11: Transiciones

1. Casey Baseel, «Japanese Man's Parents Present Notice of Expiration of Child-Rearing Services on 20th Birthday», 8 octubre 2015, http:// en.rocketnews24.com/2015/10/08/japanese-mans-parents-present-notice-of-expiration-of-child-rearing-services-on-20th-birthday (acceso 4 enero 2017).
2. Citado en Randye Hoder, «Studies Find Most Teens Sext before They're 18», Time magazine, 3 julio 2014, http://time.com/2948467/chances-are-your-teen-is-sexting (acceso 4 enero 2017).

ACERCA DE JIM DALY

Jim Daly es el presidente y director ejecutivo de Focus on the Family y presentador de su programa cotidiano que ha sido honrado en National Radio Hall of Fame, programa que tiene una audiencia de 6,3 millones por semana en más de 1.200 estaciones de radio en la totalidad de Estados Unidos, y 85 millones de radioyentes a nivel mundial.

La trayectoria personal de Daly, de huérfano a líder de una organización cristiana internacional dedicada a ayudar a las familias para que prosperen, es una historia poderosa. Abandonado por su padre alcohólico a la edad de cinco años. Perdió a su madre, quien murió de cáncer, cuatro años después. Esta herida se agudizó cuando su afligido padrastro vació el hogar y se fue con casi todo mientras Jim, el menor de cinco hijos, y sus hermanos estaban en el funeral de su madre.

Daly aceptó a Jesús como su Salvador personal en la secundaria, después de haber estado en hogares de acogida, encontrando así sentido, propósito y una sensación de pertenencia.

Daly asumió la presidencia de Focus on the Family en 2005. Él había comenzado su carrera con Focus on the Family en 1989 como asistente del presidente. En el 2004 fue escogido jefe de operaciones, ejerció ese rol hasta que el fundador, el doctor James Dobson, lo escogiese para ser el presidente del ministerio.

Daly obtuvo una Licenciatura en Ciencias de Administración y Gestión en 1984, en California State University. Después de su graduación trabajó en el sector privado para una compañía de Fortune 500. En 1997 terminó su Máster en Administración de Empresas en

Negocios Internacionales en Regis University, y en el 2009 recibió el título honorífico de Doctor en Letras de Colorado Christian University.

Ha recibido el premio del 2008 de World Children's Center Humanitarian, el premio al campeón de los niños del 2009 de Children's Hunger Fund, y el premio del 2010 de HomeWord Family Ministry. Su blog, «Daly Focus», está en línea en jimdaly.focusonthefamily.com.

Daly es el autor de seis libros: *Marriage Done Right* [Un matrimonio que funciona bien], *The Good Dad* [El buen papá], *ReFocus* [Reenfoque], *Stronger* [Fortalecido], *Finding Home* [En busca de mi hogar] y *Cuando la crianza no es perfecta*. Él y su esposa Jean tiene dos hijos y viven en Colorado Springs.

ACERCA DE PAUL ASAY

Paul Asay es un periodista galardonado que ha escrito temas acerca de la religión para *The Gazette* en Colorado Springs. Sus obras han estado en otras publicaciones como: *The Washington Post, Christianity Today, Time y Biliefnet.com.* Autor del libro *God on the Streets of Gotham* [Dios en las calles de Gotham], Paul es un editor asociado de Plugged In, un ministerio que llega a más de seis millones de personas con críticas de cine que ayudan a entender las tendencias culturales populares y cómo se entrecruzan con temas espirituales. Tiene un interés especial por las formas inesperadas en que la fe y los medios de comunicación se entrecruzan. Vive en Colorado Springs con su esposa, Wendy, y sus dos hijos.